교양 있는 여행자를 위한

내 손안의
영국사

단숨에 읽는 영국 역사 100장면

현익출판

교양 있는 여행자를 위한
내 손안의
영국사

단숨에 읽는 영국 역사 100장면

(감수 고바야시 데루오) (옮긴이 오정화)

FROM. **SEOUL** FLIGHT. SEAT.
TO. **LONDON** **HI0812** **44A**

LHR

✳✳✳ 들어가며 ✳✳✳
영국사를 조망하다

우리가 '영국'이라는 나라에 가진 이미지는 의회제 민주주의를 만든 나라, 세계의 공장이라 불린 19세기 경제 대국 등일 것입니다. 그러나 한편으로 FIFA 월드컵에 잉글랜드, 스코틀랜드, 웨일스, 북아일랜드로 나뉘어 출전하는 것에 의문을 품은 적은 없었나요? 여기에는 연합 왕국이라는 영국 특유의 사정이 깊이 관련되어 있습니다. 또한 최근에는 스코틀랜드를 비롯해 연합 왕국을 구성하는 나라의 독립이 크게 관심을 받고 있습니다.

한때 전 세계의 4분의 1을 지배했던 영국이라는 나라를 이해하기 위해서는 민족의 흥망성쇠, 종교와 정치의 강력한 결합, 이를 극복하고 성립된 연합 국가, 의회제 민주주의와 산업 사회의 확립 등 그 과정을 아는 것이 가장 좋습니다. 이 책이 진정한 의미의 영국을 이해하는 데 도움이 되기를 바랍니다.

고바야시 데루오

알수록 놀라운!
영국의 4가지 비밀

영국사를 처음 접하는 당신에게 의외의 사실을 소개합니다!

비밀 1

영국 왕이 프랑스 왕도 겸하고 있었다?

영국과 가장 가까운 대륙의 나라는 프랑스입니다. 두 나라는 때로는 싸우고, 때로는 혼인 관계를 맺는 등 깊은 연결 고리가 있었습니다. 그래서 한때는 영국의 왕이 프랑스의 왕이었던 적도 있답니다.

→ 자세한 내용은 **84** 페이지로

비밀 2

이름은 '궁전'인데 국왕은 살지 않는다?

11세기에 처음 지어진, 영국을 대표하는 고딕 양식의 건축물 '웨스트민스터 궁전'. 궁전이라는 이름이 붙었지만 국왕이 살지 않고 대신 국회의사당이 있답니다.

→ 자세한 내용은 **96** 페이지로

비밀 3

후계자 문제를 해결하기 위해 종교개혁이 일어났다?

영국 국왕은 독실한 그리스도(가톨릭교도)였는데, 로마 교황에게 이혼을 인정받지 못했기에 국왕인 자신을 최고로 하는 종교 조직을 만들었답니다.

→ 자세한 내용은 **97** 페이지로

비밀 4

국왕이 없었던 시대가 있었다?

영국은 예로부터 국왕이 나라를 다스렸다는 이미지가 있지만, 사실 군주가 없는 공화제의 시대도 있었답니다.

→ 자세한 내용은 **132** 페이지로

자, 그럼 영국의 역사 속으로 떠나 봅시다!

✈ 목차

들어가며 | 영국사를 조망하다   5
알수록 놀라운! 영국의 4가지 비밀   6
프롤로그 | 섬나라에서 세계로 뻗어 나간 나라   15

✵ Chapter 1 ✵ 로마 제국의 영향

001 로마인의 습격   21
002 섬에서 꽃피운 대륙 문화   23
003 배턴 터치하듯 찾아온 또 다른 주인   26
알면 알수록 재미있는 영국의 위인 ① 부디카   29

✵ Chapter 2 ✵ 북유럽 국가로서 탄생과 몰락

004 앵글로색슨 7왕국이 벌인 공방   31
005 해적이 아니었던 바이킹   34
006 영국의 유일한 대왕 앨프레드   36
007 '잉글랜드 왕'이라는 칭호   38
008 운명의 돌과 함께한 스코틀랜드   40
009 대관식의 시초를 보여 준 에드거 왕   42
010 돈으로 평화를 살 수 있을까?   43
011 빠르게 바뀌는 왕   45
012 북해 제국의 탄생   47

013	뿔뿔이 흩어진 북해 제국	49
014	앵글로색슨 왕조의 끝	51
015	웨일스와 아일랜드섬의 왕국들	54
칼럼	영국 국기와 국장의 비밀	56

알면 알수록 재미있는 영국의 위인 ② 레이디 고다이바　　58

✷ Chapter 3 ✷ 전쟁으로 혼란스러운 국내외

016	프랑스에서 온 노르만 왕조	60
017	잉글랜드의 내란, 두 명의 마틸다	62
018	광활한 영지의 플랜태저넷 왕조	65
019	왕위를 둘러싼 가족 싸움	67
020	사자심왕의 십자군 전쟁	69
021	존이라는 이름의 왕은 오직 한 명	72
022	정기적으로 열렸던 대자문회의	74
023	스코틀랜드와 잉글랜드 국경	76
024	브리튼섬 통일이라는 목표	77
025	백년전쟁의 시작	79
026	흑태자 에드워드의 활약	81
027	사회의 혼란, 흑사병과 농민 반란	82
028	랭커스터 왕조의 시작	83
029	잔 다르크와 백년전쟁의 끝	85
030	장미와 장미의 왕위 쟁탈전	86
031	랭커스터와 요크, 가문의 전쟁	88

알면 알수록 재미있는 영국의 위인 ③ 윌리엄 월리스　　90

✷ Chapter 4 ✷ 절대왕정과 그에 반대하는 움직임

032 붉은 장미와 흰 장미가 하나로	92
033 살아남기 위한 결혼 외교	94
034 호화로운 궁전 생활, 화이트홀	96
035 운명을 바꾼 형수와의 결혼	97
036 잉글랜드 종교개혁과 성공회 성립	99
037 정치와 종교가 얽힌 종교개혁	101
038 수도원 해산과 왕실의 재정난	102
039 양이 사람을 잡아먹는다?	103
040 헨리 8세의 영토 통합 정책	105
041 손꼽아 기다렸던 왕자	107
042 딜레마에 빠진 피의 메리	109
043 메리 1세의 비극적 결혼	111
044 잉글랜드 성공회의 재출발	112
045 반항하는 두 개의 종교 파벌	114
046 해적왕과 여왕이 무찌른 무적함대	116
047 절대왕정의 황금시대	118
048 경제 무기가 된 동인도 회사	120
049 사회 복지의 첫걸음, 구빈법	121
050 튜더 왕조가 남긴 유산	122
051 스튜어트 왕조의 시작	123
052 외면당한 청교도, 신대륙 이주	125
053 의회를 무시하는 왕권신수설	126

054	높아진 반가톨릭 의식	127
055	아버지를 뛰어넘는 전제 정치	128
056	왕과 의회의 갈등, 청교도 혁명	130
057	영국 역사상 유일한 공화국의 실체	132
058	호국경에 의한 독재, 올리버 크롬웰	133
칼럼	상설 극장과 윌리엄 셰익스피어	134

알면 알수록 재미있는 영국의 위인 ④ 엘리자베스 1세   136

✷ Chapter 5 ✷ 의회 정치의 확립

059	다시 시작된 왕정과 퓨리턴 탄압	138
060	국왕과 의회의 종교 대립	140
061	자유당과 보수당의 전신	142
062	친가톨릭 정책의 역풍	144
063	피가 흐르지 않았던 명예혁명	145
064	의회 속의 국왕, 입헌군주정	147
065	시민 혁명인가, 내란인가?	149
066	스코틀랜드와 아일랜드의 혼란	150
067	넓어져 가는 식민지	151
068	식민지 패권을 둘러싼 전쟁	152
069	유럽 굴지의 강국으로	154
070	프랑스와의 전쟁이 미친 영향	155
071	연합 왕국의 탄생	156

알면 알수록 재미있는 영국의 위인 ⑤ 아이작 뉴턴   158

✷ Chapter 6 ✷ 대영 제국의 번영

072	영어를 못하는 왕	160
073	영국 최초의 총리, 로버트 월폴	161
074	새로운 농법이 가져온 풍요	163
075	영국에서부터 시작된 산업혁명	165
076	4대째 이어진 같은 이름의 왕	167
077	귀 때문에 선전포고를 하다?	170
078	수많은 전쟁 끝에 빼앗은 식민지	171
079	보스턴 차 사건	173
080	미국 독립 전쟁과 새로운 식민지	174
081	산업혁명의 그늘과 사회보장제도	176
082	빅토리아 여왕 시대의 변화	178
083	영국의 식민지 정책과 아편 전쟁	179
084	'영광스러운 고립'	180
085	대영 제국의 번영은 영원할까?	182
칼럼	세계 최초의 철도와 지하철	184

알면 알수록 재미있는 영국의 위인 ⑥ 코난 도일   186

✷ Chapter 7 ✷ 두 번의 세계대전

| 086 | 새로운 라이벌은 누구일까? | 188 |
| 087 | 제1차 세계대전 | 190 |

088 갈등의 불씨를 남긴 '거짓말 외교'	192
089 보통선거와 노동당 집권	194
090 독립의 물결과 영연방의 시작	196
091 전쟁의 반동으로 찾아온 평화	199
092 세계 대공황과 블록 경제	200
093 왕관을 버리고 선택한 사랑	201
094 제2차 세계대전	202
095 영국 빼고 이야기가 끝났다?	204
알면 알수록 재미있는 영국의 위인 ⑦ 윈스턴 처칠	206

✈ Chapter 8 ✈ 21세기의 영국

096 냉전의 상징 '철의 장막'	208
097 더 이상 정당화될 수 없는 식민지	210
098 '영국병'의 원인은?	213
099 '철의 여인', 마거릿 대처	215
100 EU 탈퇴를 둘러싼 국민투표	218
칼럼 영국에서 시작된 스포츠	220

영국사 연표　　　　　　　　　　　　　　　222

★★★ 프롤로그 ★★★

섬나라에서 세계로 뻗어 나간 나라

'유라시아 대륙 가장자리 부근의 섬나라'라고 하면, 우리는 대부분 일본을 떠올릴 것입니다. 하지만 같은 대륙의 서쪽에는 마찬가지로 섬나라인 '영국'이 존재합니다.

영국과 일본, 두 나라는 같은 섬나라 국가이지만 다른 점이 많습니다. 일본은 13세기 원나라의 일본 원정과 제2차 세계대전을 제외하면, 외적의 침공을 거의 받지 않았습니다. 반면 영국은 고대부터 많은 민족의 침공과 침략이 있었습니다.

그 이유 중 하나로 대륙과의 거리가 가까웠다는 점을 들 수 있습니다. 일본 쓰시마섬에서 한국 부산까지의 거리는, 파도가 거친 쓰시마 해협을 사이에 두고 약 50㎞입니다. 반면 영국과 해안을 마주하는 프랑스까지의 거리는, 가장 가까운 도버 해협을 끼고 약 30㎞입니다. 헤엄쳐서 건널 수도 있는 거리입니다. 다시 말해 쓰시마 해협은 일본의 방어벽이 되었지만, 도버 해협은 적의 침공을 막기에는 충분한 거리라고는 할 수 없었습니다.

이 책의 주인공인 '영국'의 정식 명칭은 '그레이트브리튼 및 북아일랜드 연합 왕국The United Kingdom of Great Britain and Northern Ireland', 통칭 '연합 왕국The United Kingdom'입니다. 이를 줄여서 'UK'라고도 많이 부릅니다. 연합 왕국인 이유는 영국이 잉글랜드와 스코틀랜드, 웨일스, 북아일랜드로 구성된 하나의 연합 국가이기 때문입니다. 영토는 대부분 그레이트브리튼섬과 아일랜드섬 북부로 이루어져 있습니다.

그 밖에 캐나다와 뉴질랜드와 같은 주로 과거 영국의 식민지였던 국가로 이루어진 국제기구 '영국 연방(영연방)'도 존재합니다. 각 회원국들은 독립된 주권 국가이며 영국을 중심으로 한 국가 연합

오늘날의 영국

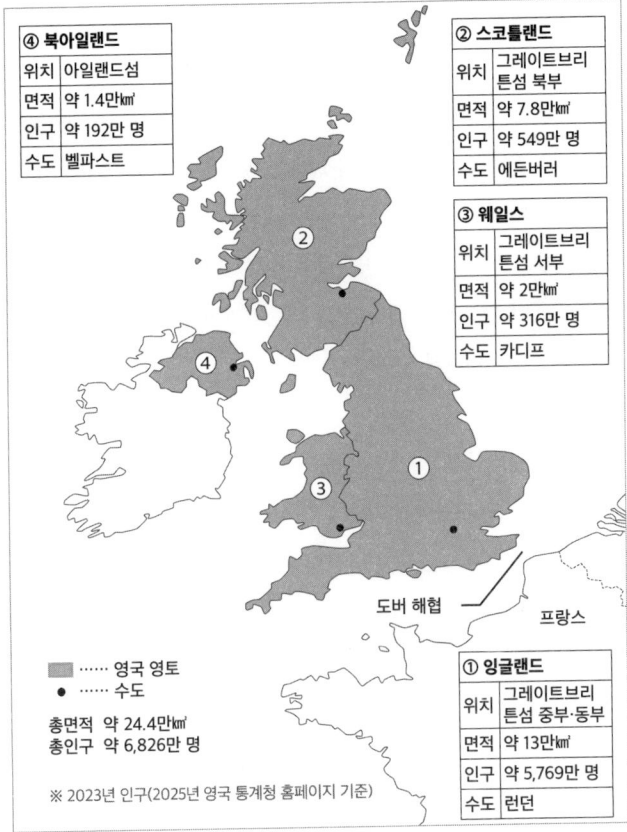

입니다. 정식 명칭은 '코먼웰스 오브 네이션스Commonwealth of Nations', 줄여서 '코먼웰스'라고도 합니다.

영국을 대표하는 고대 유적은 우리도 잘 알고 있는 원형으로 늘어선 거대한 돌기둥 '스톤헨지'가 있습니다. 일반적으로는 대륙에서 온 원주민에 의해 기원전 2800년경부터 만들어졌다고 알려져 있습니다. 그러나 그 원주민이 어떤 민족이었는지는 오늘날까지 알려지지 않았으며, 만든 목적도 알려진 바가 없습니다. 일설에 의하면 종교 시설 혹은 천체 관측소였다고도 합니다.

스톤헨지가 만들어진 신석기 시대를 거쳐, 브리튼 제도는 청동기 시대로 넘어갑니다. 기원전 2200년에서 기원전 2000년경 청동기를 들여온 사람은 '비커족'입니다. '비커'라는 이름은 바닥이 평평하고 입구가 넓은 용기인 비커와 비슷한 모양의 토기를 부장품으로 사용했던 것에서 유래하였습니다. 비커족들은 구리로 만든 무기로 원주민을 지배하게 되었습니다.

기원전 6세기경이 되자, 제철 기술을 보유한 '켈트족'이 대륙에서 브리튼 제도로 넘어왔습니다. 일설에 의하면 그들은 주석을 찾아 브리튼 제도까지 왔다고도 합니다. '켈트'라는 이름은 고대 그리스인이 서유럽의 문화 집단을 '켈토이(이방인)'라고 부른 데서 유래하였습니다.

켈트족은 크게 '브리튼족', '게일족', '벨가이족'으로 나눌 수 있는

데, 그중에서도 브리튼족은 고대 로마가 침공해 오기 이전까지 브리튼 제도의 켈트족 가운데 가장 큰 세력이었습니다. 게일족은 나아가 '픽트인'과 '스코트인'으로 나뉘어, 오늘날의 스코틀랜드나 아일랜드에 거주하게 됩니다. 게일족은 원래 브리튼섬 남부에 살고 있었는데 나중에 온 브리튼족에게 밀려 북부 등으로 이동합니다.

켈트족은 문자를 가지고 있지 않았지만 켈트어를 사용하였으며, 자연을 숭배하고 드루이드라는 제사장이 정치도 맡고 있었습니다. 철제 무기나 전차를 이용하는 켈트족은 원주민을 제압하고 새로운 지배자가 되어 브리튼 제도 각지에 성과 요새를 구축하여 정착합니다. 철제 농기구로 생산력이 향상되면서 기원전 1세기에 브리튼 제도의 인구는 25만 명을 넘어섰습니다.

이 무렵 브리튼섬은 대륙의 켈트족에게 '앨비언(하얀 절벽의 땅)'이라고 불리고 있었습니다. 석회결로 뒤덮인 브리튼섬 동남쪽 해안이 새하얗게 보였기 때문입니다.

* * * Chapter 1 * * *

로마 제국의 영향

001 로마인의 습격

　대륙으로 시선을 돌리면, 기원전 2세기에는 이탈리아반도를 통일한 고대 로마가 서구로 세력을 확장하기 시작합니다. 기원전 58년 고대 로마의 총독이었던 율리우스 카이사르는 갈리아 지방(오늘날 프랑스와 벨기에 등)으로 원정을 나가 벨가이족을 비롯한 반로마 세력을 평정하고, 그 3년 후 기원전 55년 이번에는 브리튼섬을 침공합니다. 브리튼섬에도 벨가이족의 거점이 있었기에, 카이사르가 평정을 시도한 것입니다.

　이때 카이사르는 브리튼섬이 섬이라는 사실도, 섬에 사는 켈트족에 대해서도 몰랐다고 합니다. 이 사실을 뒷받침하는 일화도 있습니다. 갈리아 북부 지방에 사는 벨가이족을 '브리타니'라고 부르던 로마인은 브리튼섬에 사는 '프리타니(몸에 그림을 그린 사람이라는 의미)'도 똑같다고 생각하여 브리튼섬을 '브리타니의 땅', 즉 '브리타니아'라고 부르게 되었다고 합니다. 그래서 브리튼섬의 벨가이족도 브리튼인이라고 부르게 되었습니다.

　카이사르는 기원전 55년 브리튼섬을 침공했지만 브리튼인에게 쫓겨납니다. 이듬해 다시 침공한 카이사르는 내륙까지 쳐들어가 브리튼섬 남부의 여러 부족을 제압하고 로마에 공물을 바친다는 맹세를 받아냈습니다. 그런데 본국에서 반란이 일어나는 바람에, 병력과 군량이 부족했던 로마군은 브리튼섬에서 철수하게 됩니다.

　그렇다고 이것으로 외적으로부터의 위협이 사라진 것은 아닙니다. 기원전 27년 카이사르의 양자 아우구스투스가 황제가 되면서 공화정에서 제정으로 바뀐 고대 로마는 각 지역을 침공하여 세력을 확장해 나갑니다. 기원전 43년 황제 클라우디우스가 직접 이끄는 4만여 대군은 브리튼섬을 침공하여 압도적인 무력으로 브리튼섬의 4분의 3을 정복했습니다.

이렇게 브리튼섬의 중부에서 남부 지역은 로마 제국의 속주 '브리타니아'가 되어 로마 제국이 파견한 총독의 지배하에 놓이게 됩니다.

002 섬에서 꽃피운 대륙 문화

50년경 로마인은 템스강 북부 해안에 브리타니아 중심 도시를 구축하였습니다. 도시는 로마인이 늪지를 매립하여 건설한 요새를 중심으로 형성되었는데, 그런 점에서 로마가 지배하던 시대에 켈트족 말로 '늪지에 있는 요새'를 의미하는 '론디니움'이라고 불렸습니다. 이는 훗날 런던의 원형이 됩니다.

로마인들은 적극적으로 자신들의 문화를 들여왔고 그 결과 '로마노 브리티시(로만 브리튼)'라는 켈트 문화와 섞인 문화가 생겼습니다. 론디니움에는 공중목욕탕과 원형 극장, 경기장, 법정 등이 만들어졌으며 로마 제국의 공용어였던 라틴어 교육이 이루어져 켈트족의 로마화를 앞당겼습니다. 브리튼섬 내의 농촌 지역에는 로마풍의 대규모 농원이 만들어져 곡물이 재배되었는데 이렇게 브리튼섬에서 채취한 곡물과 해산물은 로마로 보내졌습니다.

고대 로마는 군단의 요새로서 브리튼섬에 크고 작은 100개 이상의 도시, 곡물이나 병사를 운반하기 위한 도로와 다리를 만들었습니다. 이때의 도로 흔적을 오늘날 영국 각지에서 볼 수 있습니다. 론디니움은 그 도시들을 잇는 결절점이기도 했습니다. "모든 길은 로마로 통한다."는 말이 있듯 브리튼섬에 만들어진 길도 론디니움에서 바닷길을 통해 황제가 있는 로마로 이어져 있었습니다.

로마 제국의 지배가 미치지 못한 지역도 있습니다. 바로 브리튼섬 북부입니다. 처음에 로마인들은 오늘날 대부분 스코틀랜드에

로마 제국이 쌓은 두 개의 방벽

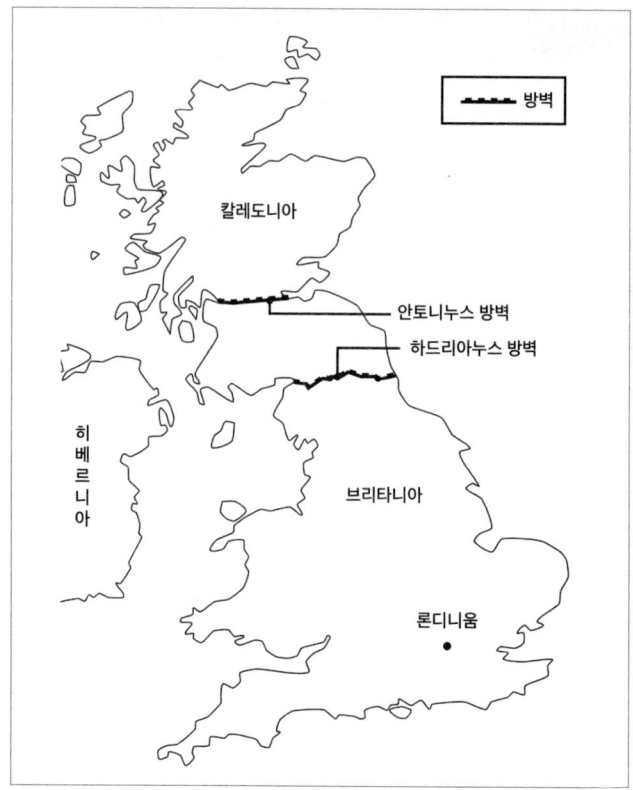

해당하는 지역을 '픽트인(몸에 그림이나 색을 넣은 사람들)'이 사는 '픽트랜드'라고 불렀는데 이곳으로 원정을 나간 브리타니아 총독이 나무가 무성한 땅을 보고 '칼레도니아(나무가 우거진 숲의 땅)'라고 부르게 되어 이후 칼레도니아라는 이름이 붙여졌다고 합니다.

픽트인은 칼레도니아를 침공하려는 로마군에 격렬하게 저항하며, 오히려 종종 브리타니아를 침공해 왔습니다. 이런 픽트인의 침공을 방어하려는 목적에서 122년 로마 황제 하드리아누스는 돌을 쌓아 벽을 건설하기 시작합니다. 완성 후 브리튼섬 북부를 동서로 횡단하는 총 188㎞에 이르는 이 벽은 '하드리아누스 방벽'이라고 불렸습니다.

다음 로마 황제인 안토니누스 피우스도 하드리아누스 방벽 북쪽에 또 다른 벽인 '안토니누스 방벽'을 쌓습니다. 60년 후에는 안토니누스 방벽이 아닌 하드리아누스 방벽이 브리타니아의 북쪽 경계가 되었습니다. 하드리아누스 방벽은 곧이어 잉글랜드 왕국과 스코틀랜드 왕국의 국경선에 큰 영향을 미치게 됩니다.

003 배턴 터치하듯 찾아온 또 다른 주인

유럽의 패권을 쥐고 있던 로마 제국도 큰 전환기를 맞이합니다. 395년 로마를 중심으로 한 서로마 제국과 콘스탄티노플(오늘날 튀르키예의 이스탄불)을 중심으로 한 동로마 제국으로 분열된 것입니다.

그 배경에는, 4세기 이후 서쪽으로 이동한 훈족에 밀려나 대이동을 한 게르만족의 로마 제국의 침입이 있었습니다. 게르만족의 활동이 활발해지면서 각지에서 서로마 제국의 지배가 흔들리기 시작했습니다. 그 동요는 브리튼섬까지 이르러, 로마인이 브리튼섬에서 물러나게 되는 요인이 됩니다. 브리튼섬에서 로마인들이 돌아간 결과, 약해진 방위력을 틈타 픽트인이 하드리아누스 방벽을 넘어 남부로 몰려옵니다.

409년 마침내 서로마 제국이 브리타니아를 포기하면서 로마군이 철수하였고 '로마의 평화$^{Pax\ Romana}$'라고 불리던 비교적 평화로운 시대는 이렇게 끝을 맺습니다. 그리고 로마인과 배턴 터치하듯 대

류에서 게르만계의 '앵글로색슨인'이 브리튼섬에 들어옵니다.

앵글로색슨인은 게르만계의 '앵글족', '색슨족', '주트족'의 총칭입니다. 이들은 5세기 전반부터 약 150년 동안 브리튼섬의 땅을 요구하며 브리튼인을 쫓아내고 땅을 빼앗았습니다. 다른 설에 따르면 그들은 브리튼인 사이에서 분쟁이 일어났을 때 용병으로 고용되었다가 그대로 정착했다고도 합니다.

브리튼인은 섬 중앙부에서 서부와 북부, 대륙으로 도망칩니다. 그 가운데 서부로 도망친 브리튼인이 오늘날의 웨일스에 정착하였습니다. 웨일스라는 말은 앵글로색슨인이 브리튼인을 '이방인, 노예'라는 의미의 '웰라스^{Wēalas}'라고 부른 데서 유래하였습니다.

이방인이라며 멸시받은 브리튼인이 앵글로색슨인에 대한 저항심에서 만들어 낸 것이 원탁의 기사로도 유명한 중세의 기사도 이야기인 '아서왕 이야기'입니다. 이야기의 주인공 아서왕의 모델은 5세기 말 브리튼섬 남부에서 앵글로색슨인과 싸운 브리튼인 무사 중 한 명이라고도 합니다.

브리튼섬 북부 칼레도니아에서는 기존에 살고 있던 픽트인과 4세기경 아일랜드 북동부에서 이주한 '스코트인'이 동화됩니다. 고대 아일랜드어로 '스코티'는 휩쓸다, 약탈하다를 의미하는데 이것이 스코트인이라는 명칭의 유래이며 그들이 살던 땅이 훗날 '스코틀랜드'가 됩니다.

대륙으로 도망친 브리튼인이 정착한 곳이 오늘날 프랑스의 브르타뉴 지방입니다. 브르타뉴 지방은 브리튼인들에게 작은 브리튼이라는 의미에서 '소브리튼'이라고 하였습니다. 그리고 브르타뉴 지방에서 볼 때 브리튼섬은 큰 브리튼섬이라는 의미에서 '대브리튼'이라는 이름이 생겨났습니다.

각 섬의 민족 분포

브리튼섬	브리타니아(중부·남부)		
	앵글로색슨인	앵글족	
		색슨족	
		주트족	
	브리타니아(서부)		
	브리튼인		
	칼레도니아(북부)		
	픽트인		
	스코트인		
아일랜드섬	히베르니아		
	게일족		

 또한 브리튼섬이 '앨비언'이라고 불리던 무렵, 이웃의 아일랜드섬은 라틴어로 '겨울의 땅'을 의미하는 '히베르니아'라고 불리고 있었습니다. 아일랜드섬의 켈트계 민족을 '게일족'이라고 합니다. 이 명칭의 유래는 로마인이 브리튼인을 '고이델'이라고 불렀는데, 아일랜드섬의 켈트족이 스스로를 '게일'이라고 자칭한 데에서 비롯하였습니다. 기원전 5세기경부터 게일족은 아일랜드섬에 정착합니다. 로마의 지배는 받지 않았지만 문화적으로는 많은 영향을 받습니다.

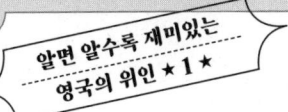

로마 황제에게 저항한 여성 지도자, 부디카

민족을 위해 로마 제국과 싸우다

로마 제국이 지배하는 속주 브리타니아에서는 원주민에 의한 저항과 반란이 계속해서 일어나고 있었습니다. 그중에서도 켈트족 가운데 이케니족의 우두머리인 부디카의 반란이 가장 규모가 컸다고 합니다. 부디카가 로마 제국에 대항하며 반란을 일으킨 계기는 부디카의 남편이었던 이케니족장이 사망하고 부디카가 물려받기로 했던 이케니족의 토지를 로마 제국에게 빼앗겼기 때문입니다. 심지어 부디카 자신과 딸들도 잔인하게 유린당했습니다.

복수심에 불탄 부디카는 주변 부족과 연합하여 론디니움을 습격하고 일시적으로 로마군을 몰아붙이기도 했지만, 부디카의 반란은 진압되었습니다. 부디카의 최후에 관해서는 독을 마셔 자결했다거나 처형당했다는 등 여러 설이 있습니다. 로마 제국은 부디카의 반란을 교훈 삼아 속주에 대한 엄격한 통치를 재검토하게 됩니다.

Chapter 2

북유럽 국가로서 탄생과 몰락

004 앵글로색슨 7왕국이 벌인 공방

7세기 전반에는 브리튼인 대신 앵글로색슨인이 브리튼섬의 중부부터 동남부를 지배하게 되는데, 이 앵글로색슨인이 지배하는 지역을 '잉글랜드'라고 부르게 됩니다. 잉글랜드란 '앵글족의 땅'이라는 의미로, 이 시기의 지배에서 유래하였습니다. 그래서 오늘날의 스코틀랜드, 웨일스, 북아일랜드 사람들은 '잉글랜드'가 어원인 '잉글리시English'라고 묶어서 불리는 것을 좋아하지 않습니다.

잉글랜드에서는 족장이 이끄는 군사가 성과 요새를 쌓고 그 주위로 농민이 정착하면서 다수의 나라가 생겨났는데 여러 전쟁 등을 거쳐 7개의 나라로 집약되었습니다. 그래서 7~9세기의 잉글랜드는 '7왕국' 시대라고도 불립니다.

문화 측면에서도 변화가 있었습니다. 게르만계의 앵글로색슨인에 의해 잉글랜드의 언어에도 변화가 나타났습니다. 오늘날의 영어의 기원이라고도 할 수 있는 '고대 영어'가 시작되었습니다.

6세기 말에는 그리스도교가 본격적으로 브리튼섬에 전해집니다. 그리스도교는 로마 제국의 지배를 받는 시대에도 이미 들어와 있었으나, 로마인이 브리타니아를 포기하고 브리튼섬에서 떠나면서 선교가 중단되었습니다. 이후 596년 로마 교황은 선교사를 파견하여 앵글로색슨인에게 선교 활동을 시작합니다. 켄트에 본거지를 두고 잉글랜드 각지에 교회와 수도원이 세워졌습니다. 훗날 켄트에는 캔터베리 대성당이 세워지며 잉글랜드의 그리스도교에서 가장 권위 있는 직책인 캔터베리 대사교가 배치됩니다.

앵글로색슨 7왕국

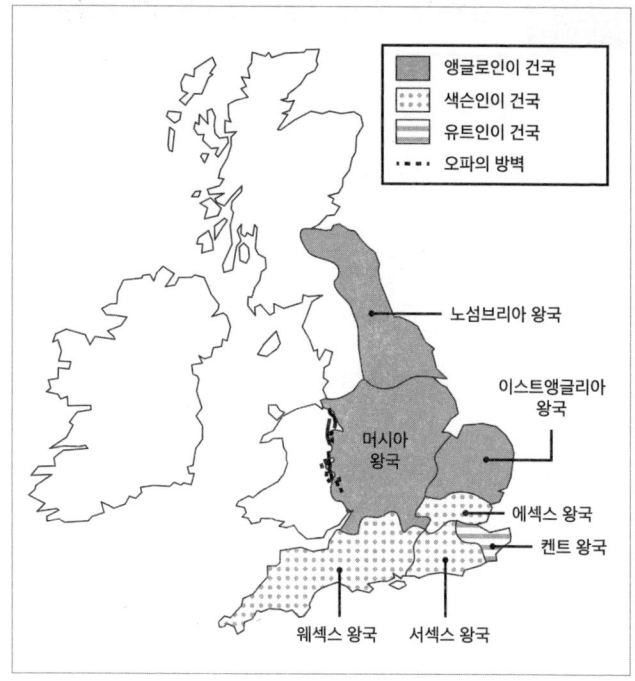

앵글로색슨 7왕국 가운데 가장 먼저 노섬브리아 왕국이 주변국을 침공하며 세력을 확장합니다. 655년 윈웨드 전투에서 그리스도교 국가였던 노섬브리아가 머시아를 물리치고 그리스도교로 개종시킵니다. 이 승리를 계기로 브리튼섬 서부와 남부에 그리스도교가 뿌리내리게 되었습니다. 하지만 한때 7왕국 중 가장 강국이었던 노섬브리아는 8세기 후반 내부 분쟁으로 쇠퇴의 길로 접어듭니다.

8세기 전반에는 머시아 왕국의 에델볼드 왕이 교회와 민중에게 세금을 늘려 국력을 키우기 시작했습니다. 한때 웨섹스를 통치한 에델볼드 왕은 강압 정치가 원한의 씨앗이 되어 암살당하면서 머시아는 내란 상태에 빠지게 됩니다.

8세기 후반 이 내란을 잠재우며 머시아의 왕위를 이어받은 사람이 에델볼드 왕의 사촌인 오파 왕입니다. 즉위한 오파 왕은 군비를 갖추어 다른 나라를 침공하였습니다. 그 결과 에섹스와 서섹스가 멸망하고, 켄트와 이스트앵글리아는 일시 단절되었으며, 마지막으로 웨섹스는 머시아의 지배를 받아들였습니다.

'모든 앵글의 왕'을 자칭한 오파 왕은 잉글랜드 최초의 법전을 제정하고 공통 주화를 만들었습니다. 그리고 브리튼섬 서부(오늘날 웨일스)와의 경계에 '오파의 방벽'를 쌓아 브리튼인의 침공으로부터 지켰습니다. 그리고 796년 오파 왕은 세상을 떠납니다.

오파 왕이 사망한 후에도 힘을 가지고 있던 머시아는 825년 웨섹스를 침공합니다. 그러나 웨섹스의 에그버트 왕과의 전투에서 패배한 머시아는 웨섹스의 종속국이 되고 맙니다. 그리고 머지않아 에그버트 왕이 템스강 이남의 땅을 지배하고 잉글랜드를 통일하였습니다. 에그버트 왕은 사실상 잉글랜드의 초대 왕이라고 할 수 있습니다. 그러나 일각에서는 에그버트 왕은 잉글랜드의 통일까지 도달하지는 못했으며, 칭호도 잉글랜드 왕이 아닌 앵글로색슨 종족의 왕으로 가장 세력이 있는 사람이라는 의미의 '브레트왈다Bretwalda'였다고 말하기도 합니다.

005 해적이 아니었던 바이킹

8세기 말 바이킹Viking이 바다를 건너 브리튼섬에 몰래 습격합니다. 일설에 의하면 바이킹은 '후미에 사는 사람들'이라는 의미로, 오늘날 노르웨이의 노르인이나 덴마크의 데인인, 스웨덴의 스웨드인 등 북유럽 신화를 믿었던 북게르만인의 총칭입니다.

배를 타고 찾아온 바이킹은 바다 가까이에 있는 수도원 등을 습격해 보물을 약탈하고 곧바로 달아났습니다. 당시 브리튼섬에서는 바다로부터 침공해 오리라고는 예상도 하지 못했기에, 경비가 허술했습니다. 일반적으로 '바이킹'을 '해적' 이미지로만 떠올리는데 사실 선원이나 농민, 상인도 있었으며 단순히 약탈만 하는 것이 아니라 교역도 하고 있었습니다.

9세기 후반이 되면 이전까지는 약탈 후 그 지역을 떠났던 바이킹이 아일랜드섬 동부와 잉글랜드의 남동부, 노르망디(오늘날 프랑

스 북서부) 등에 정착하기 시작합니다. 그리고 865년 바이킹 데인인은 말을 사용하여 기동력 있는 전술로 이스트앵글리아와 노섬브리아를 멸망시킵니다. 그렇게 앵글로색슨 7왕국은 머시아와 웨섹스만 남게 되었습니다.

006 영국의 유일한 대왕 앨프레드

데인인은 웨섹스도 침공하였으며, 나라 대부분이 그들의 손에 넘어갔습니다. 당시 웨섹스의 왕은 에그버트 왕의 손자인 앨프레드 왕입니다. 앨프레드 왕은 데인인에게 여러 차례 패배하였습니다. 그러나 각지에 성채를 구축하며 반격의 기회를 엿보았으며, 주변의 농민을 징용하여 군사력을 강화하고 데인인을 따라 기마를 활용합니다. 게다가 머시아 왕과 딸을 결혼시켜 머시아와 손을 잡았습니다.

앨프레드 왕은 군비를 증강한 덕에 878년 에딩턴 전투에서 데인인에게 대승을 거두었으며, 886년에는 데인인에게 점거되었던 런던을 탈환하였습니다. 그러나 이 과정에서 머시아가 멸망하면서, 결국 7왕국은 웨섹스만 남게 되었습니다. 앨프레드 왕은 데인인을 격퇴하여 섬 북동부로 몰아붙이는 데에는 성공했지만 쫓아내지는 못했습니다. 앨프레드 왕은 데인인과 웨드모어 조약을 맺고 데인인의 거주 지역을 런던 북쪽에서 요크 남쪽 부근의 데인로[Danclaw] 지방으로 지정합니다. 데인로는 데인인의 법으로 통치되는 지역을 말합니다. 나아가 데인인을 그리스도교로 개종시키고, 그들과 공존하는 데 성공합니다. 데인인이 거주한 지역은 더비[Derby]나 럭비[Rugby] 등입니다. 오늘날 영국에서 이름에 'by'가 붙는 지역은 과거 데인인이 살았던 땅이라는 이야기도 있습니다.

데인로 지방으로부터 남쪽을 다스리게 된 웨섹스의 앨프레드 왕은 황폐해진 잉글랜드의 부흥에 착수합니다. 문화와 학문에 힘을 쏟고, 학교를 설립하여 교육을 실시하였으며, 앨프레드 왕은 직접 라틴어를 공부하여 성경을 고대 영어로 번역하기도 하였습니다. 또한 자신의 치세를 널리 알리기 위해 《앨프레드 대왕전》이나 《앵글로색슨 연대기》를 기술하게 하였습니다. 이 과정에서 고대 영어가 잉글랜드의 표준어로 자리 잡게 되었습니다.

앨프레드 왕은 오파 왕의 법전을 바탕으로 새로운 법전을 편찬하였습니다. 또한 행정 구분으로서 '샤이어(셔)^{shire}'라는 주를 도입하였으며, 주 장관으로 '셰리프^{sheriff}'라는 지방 행정관을 두었습니다. 이 셰리프는 훗날 '카운티^{county}'라는 이름으로 바뀌었고, 1974년 개정하기 전까지 계속 사용되었습니다. 미국의 행정 단위인 '군^{county}'은 이 카운티를 바탕으로 만들어진 것입니다.

앨프레드 왕은 899년에 서거합니다. 데인인의 침공으로부터 잉글랜드를 구하며 뛰어난 공적을 기려 잉글랜드의 역사에서 '대왕'으로 칭해지고 있습니다. 그리고 그 혈통은 면면히 현대 영국의 왕실까지 이어지고 있습니다.

007 '잉글랜드 왕'이라는 칭호

앨프레드 왕의 활약으로 웨섹스는 잉글랜드에서 가장 강국이 되었는데, 왕위 계승권 문제 등으로 혼란스러워 잉글랜드의 통일까지는 이루지 못했습니다. 거기에서 두각을 나타낸 인물이 앨프레드 왕의 손자인 애설스탠 왕입니다. 애설스탠 왕은 앨프레드 왕의 직계 혈통일 뿐만 아니라, 머시아 여왕이었던 큰어머니 품에서 자라서 머시아의 후계자로서도 인정받은 인물입니다.

924년 웨섹스의 왕으로 즉위한 애설스탠 왕은 또다시 잉글랜드 각지를 침공해 온 데인인을 물리치고 잉글랜드 북부의 중요 도시인 요크를 되찾았습니다. 937년에는 섬 북부에서 침공해 온 알바 왕국의 군대(자세한 내용은 40페이지 참조)를 격파하면서, 잉글랜드의 입지는 브리튼섬 내에서 우위에 서게 되었습니다.

국내 정치에서는 앨프레드 왕이 정비했던 '주' 체제를 확장하고 주 아래에 '군', 그 아래에 '십인조'라는 더욱 세부적인 행정 구분을 마련합니다. 또한 크리스마스나 부활절에 주교나 지방을 통치하는 유력 귀족인 '백작' 등과 정기적으로 회의를 열어 의견을 수렴하도록 규정하였습니다. 이를 '현인 회의'라고 부르며, 잉글랜드 의회의 뿌리가 되었습니다. 현인 의회에서는 잉글랜드 국가 전체의 방위와 외교, 입법과 사법, 그리고 왕위 계승 문제까지도 논의되었습니다. 오늘날의 의회와 유사한 역할을 담당하고 있었던 것입니다.

애설스탠 왕은 외교에도 힘을 쏟습니다. 프랑스 왕인 위그 카페와 신성 로마 제국 황제인 오토 1세에게 자신의 자매들을 시집보내는 등 유럽 강국과 혈연을 맺으며 관계를 강화하였습니다. 927년 무렵부터 애설스탠 왕은 토지 소유에 관해 발행하는 영지 권리 증서에 '잉글랜드 왕'이라는 칭호를 사용하기 시작합니다. 이렇게 잉글랜드 전역을 통틀어 처음으로 '잉글랜드 왕'이라는 칭호가 공식적으로 사용되었습니다.

008 운명의 돌과 함께한 스코틀랜드

지금부터는 로마가 철수한 이후의 브리튼섬 북부, 칼레도니아의 역사를 살펴봅시다. 칼레도니아에는 픽트인과 4세기 중반에 아일랜드에서 건너온 스코트인이 거주하고 있었습니다.

4세기 말 브리튼인이었던 성 니니안이 칼레도니아에 들어와, 로마 제국의 국교였던 그리스도교를 칼레도니아 남부의 픽트인에게 처음 포교했다고 전해집니다. 그리고 6세기 무렵이 되면 픽트인에 의해 브리튼섬 북동부에 '픽트랜드'가 성립됩니다. 같은 시기 스코트인 역시 픽트인에게서 토지를 빼앗아 브리튼섬 북서부에 '달 리어타 왕국'을 건국합니다. 칼레도니아에서 픽트랜드는 강대국이었고, 달 리어타 왕국은 소국이었습니다.

당시 칼레도니아에는 이 두 왕국과 브리튼섬 남부에서 앵글로색슨인에게 쫓겨난 브리튼인이 칼레도니아 남서부에 정착하며 건국한 스트래스클라이드 왕국, 앵글로인이 남동부에 건국한 7왕국 중 하나인 노섬브리아 왕국이 존재했습니다. 이 네 나라는 8세기 중반까지는 약간의 다툼이 있었으나 그래도 잘 공존하고 있었습니다.

그러나 8세기 후반이 되면 바이킹이 잉글랜드를 침략했던 것처럼 칼레도니아 연안부도 휩쓸고 갑니다. 막대한 피해를 본 픽트인은 똑같이 피해를 당한 스코트인과의 연합을 원했습니다.

그리고 843년경 달 리어타의 왕 키나드 1세 막 알핀이 픽트인의 동의를 얻어 양국의 왕이 되었으며 픽트랜드와 달 리어타가 병합하여 '알바 왕국'이 탄생하였습니다. 소국인 달 리어타의 왕이 연합

알바 왕국 성립 전 칼레도니아

왕국의 왕위에 오를 수 있었던 것은 픽트랜드의 왕위가 끊겨 먼 친척인 키나드 1세가 선택되었기 때문이라는 설도 있고, 바이킹에게 대항하기 위해서는 전쟁에 능한 키나드 1세의 실력이 필요했기 때문이라는 설도 있습니다. 그러나 알바 왕국이 성립하기까지의 역사적 자료가 부족하여 정확한 것은 알려지지 않았습니다.

알바 왕국의 탄생이 실질적인 '스코틀랜드 왕국'의 성립으로 여겨집니다. 키나드 1세는 '운명의 돌Stone of Scone'에 걸터앉아 대관식을 거행했습니다. 전설에 따르면 스콘석은 《구약성서》의 등장인물인 성 야곱이 베고 잤다고 알려진 돌입니다. 달 리어타 왕국을 건국한 페르구스 모르 막 에이르크가 스코틀랜드로 가지고 들어와, 스코틀랜드 왕실의 보물로 여기며 대관식에서 왕권의 권위를 부여하기 위해 사용되었습니다.

009 대관식의 시초를 보여 준 에드거 왕

잉글랜드의 공식적인 통일은 애설스탠 왕의 조카 에드거 왕의 치세에 이루어졌습니다. 한때 7왕국이었던 머시아와 이스트앵글리아 등의 지역은 에드거 왕 시대에 국왕에게 충성을 맹세하는 백작에 의해 통치되었는데, 그 정점에는 잉글랜드 왕인 에드거 왕이 군림하고 있었습니다.

에드거 왕은 전왕이었던 형 이드위그 왕의 갑작스러운 죽음으로 959년 왕위에 올랐습니다. 독실한 그리스도교였기에, 데인인에 의해 파괴된 교회를 통합하고 새로 큰 교회를 세웠으며 캔터베리 대사교와 함께 부패한 교회의 개혁에 힘썼습니다.

현대까지 관습으로 이어져 내려온 잉글랜드(영국) 국왕의 대관식을 시작한 것도 에드거 왕입니다. 973년 에드거 왕은 잉글랜드 남서부의 도시 바스에 있는 수도원에서 대사교의 손에 의해 머리에 관을 썼습니다. 대관식은 그리스도교 방식으로, 왕을 신성한 사람으로 여기고 왕이 신의 이름으로 선서하면 민중이 승인하는 식으로 진행되었습니다. 대관식을 통해 신의 권위를 등에 업은 국왕이야말로 국내의 유력 제후와 수장을 뛰어넘는 정당한 존재라는 것을 보여 준 것입니다.

010   돈으로 평화를 살 수 있을까?

대관식 2년 후인 975년 에드거 왕이 사망합니다. 그러자 에드거 왕의 아들 에드워드와 이복동생 애설레드 사이에 왕위 계승 다툼이 벌어졌습니다. 에드워드가 왕으로 즉위하였으나 불과 3년 만에 암살당하여, 10살인 애설레드가 애설레드 2세로 즉위하게 됩니다. 애설레드 2세는 왕으로서의 자질이 부족했다고 합니다. 현인 회의를 경시했기에 각지의 유력자들이 반항하였습니다.

이 무렵 잉글랜드는 또다시 데인인의 습격에 시달리고 있었습니다. 당시 데인인의 거점은 유틀란트반도의 크누트 왕조 덴마크 왕국입니다. 985년 덴마크 왕으로 즉위한 스벤 1세는 동시에 노르웨이 왕도 겸하고 있었습니다. 덴마크의 선왕 하랄 1세가 그리스도교로 개종한 이후, 덴마크 왕국은 스웨덴의 일부 지역까지를 영토로 하는 강국이 되어 있었습니다.

데인인이 계속해서 습격하자 애설레드 2세는 국민으로부터 세금을 걷어 그 돈을 데인인에게 주었습니다. 다시 말해 돈으로 평화를 사려고 했던 것입니다. 그러나 아무리 돈을 주어도 데인인은 습격을 멈추지 않았고, 결국 1002년 애설레드 2세는 영토 내의 많은 데인인을 탄압하고 학살합니다. 그 이듬해에 분노한 스벤 1세가 잉글랜드를 습격하여 당시 잉글랜드의 최대 도시인 옥스퍼드를 불태웠습니다.

싸움에서 패배하고 물러난 애설레드 2세는 국내에서 반감을 사고 있어, 1013년 두 번째 아내 엠마와 두 아들 에드워드와 앨프레드를 데리고 대륙인 노르망디 공국으로 망명했습니다. 왜냐하면 엠마가 노르망디 공국을 다스리는 노르망디 공작의 딸이었기 때문입니다. 이 노르망디 공작은 북프랑스로 이주한 노르만인의 후예라고 할 수 있습니다. 애설레드 2세와 엠마의 결혼에 의한 혈연관계를 발단으로 하여, 훗날 잉글랜드와 노르망디 공국은 왕위 계승권을 둘러싸고 다툼을 벌입니다.

11세기 잉글랜드 왕위를 둘러싼 가계도

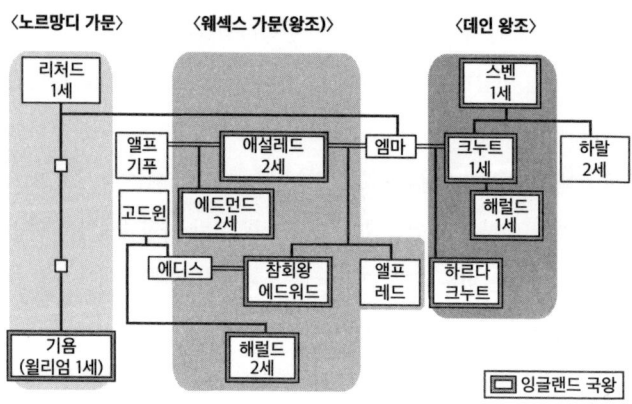

011   빠르게 바뀌는 왕

애설레드 2세의 망명으로 공석이 된 잉글랜드 왕위에, 1013년 잉글랜드의 유력 귀족들의 추천으로 스벤 1세가 즉위합니다. 이렇게 데인 왕조가 성립되었습니다. 그런데 그 이듬해에 스벤 1세가 갑작스럽게 세상을 떠납니다. 장남 하랄이 뒤를 이어 덴마크 왕 하랄 2세로 즉위하지만, 노르웨이 왕위에는 오르지 못했습니다. 옛 왕족의 피를 이어받은 올라프 2세가 권력을 잡고 노르웨이 왕으로 즉위했기 때문입니다.

스벤 1세의 둘째 아들 크누트가 잉글랜드 왕으로 추천되었지만, 갑작스러운 상속으로 잉글랜드 국내는 혼란스러웠습니다. 그 틈에 노르망디에서 귀환한 애설레드 2세가 잉글랜드 왕위를 탈환하였습니다. 하지만 크누트는 쉽게 왕위를 포기하지 않고 1015년 대군을 이끌고 잉글랜드에 상륙했습니다.

그러던 1016년 4월 애설레드 2세가 세상을 떠나고 장남 에드먼드가 잉글랜드 왕 에드먼드 2세로 즉위합니다. 이 에드먼드 2세는 애설레드 2세와 두 번째 아내 엠마 사이에서 태어난 아이가 아닌, 첫 번째 아내 앨프기푸와의 사이에서 낳은 아이입니다.

같은 해 10월, 에드먼드 2세와 크누트는 서로에게 창을 겨누었습니다. 에드먼드 2세는 패배하였지만, 간신히 크누트를 평화 교섭의 테이블에 앉힐 수 있었습니다. 그 결과 에드먼드 2세는 웨섹스를, 크누트는 템스강 북쪽을 지배하게 됩니다. 게다가 두 사람은 한 명이 먼저 죽으면 살아있는 사람에게 죽은 사람의 영지를 양도

하겠다는 약속을 합니다. 그리고 얼마 지나지 않아 에드먼드 2세가 세상을 떠나고, 약속대로 그의 영지는 크누트의 손에 넘어갑니다. 크누트는 현인 회의의 인정을 받아, 1016년 크누트 1세로 잉글랜드 왕위에 올랐습니다.

012 북해 제국의 탄생

잉글랜드의 왕이 된 크누트 1세는 덴마크의 법을 강요하지 않고, 앵글로색슨인의 법과 관습을 존중하는 정책을 취합니다. 그래서 잉글랜드의 제후들은 새로운 왕이 정복자임에도 불구하고 우호적이었습니다. 나아가 크누트 1세는 노르망디 공국과의 관계 개선을 위해 애설레드 2세의 아내였던 엠마와 결혼하였으며, 두 사람 사이에 아들 하르다크누트가 태어납니다.

1018년 덴마크 왕 하랄 2세가 사망하자 그의 동생인 크누트 1세가 덴마크 왕위도 겸했습니다. 1026년 크누트 1세는 노르웨이를 침공합니다. 그리고 노르웨이 왕 올라프 2세와 스웨덴 왕의 연합군을 무찌르고, 북유럽의 패권을 거머쥐려고 합니다. 1029년 노르웨이로 쳐들어간 크누트 1세는 올라프 2세를 추방하고 노르웨이 왕으로도 즉위합니다.

이렇게 크누트 1세는 잉글랜드, 덴마크, 노르웨이의 왕이 되었으며, 스웨덴의 일부도 지배하였습니다. 이렇게 북해를 중심으로 하는 광대한 영토를 훗날 '북해 제국'이라고 칭하게 됩니다. 광활한 영토를 통치하게 된 크누트는 잉글랜드를 노섬브리아, 이스트앵글리아, 머시아, 웨섹스로 나누어 각각을 유력 귀족에게 다스리게 합니다.

북해 제국의 영역

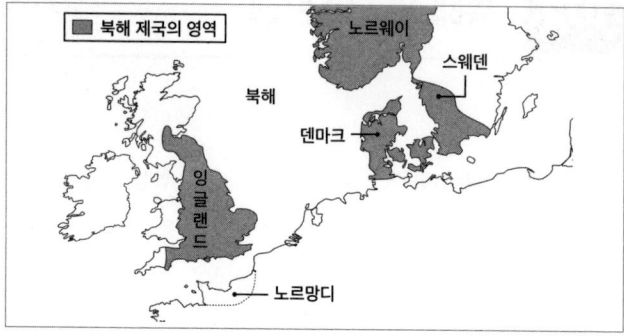

013 뿔뿔이 흩어진 북해 제국

1035년 크누트 1세가 사망하면서 광대한 북해 제국은 뿔뿔이 흩어집니다. 크누트 1세와 전 부인 사이에서 태어난 해럴드가 해럴드 1세로 잉글랜드 왕으로 즉위하고, 크누트 1세와 엠마의 아들인 하르다크누트가 덴마크 왕으로 즉위합니다. 그리고 올라프 2세의 아들이 망누스 1세로서 노르웨이 왕으로 즉위합니다.

일단 잉글랜드 왕국은 해럴드 1세와 하르다크누트, 두 왕이 공통 통치를 하게 되었습니다. 그러나 하르다크누트는 노르웨이와 적대 관계에 있었고, 이 때문에 덴마크를 벗어나지 못하여 잉글랜드는 실질적으로 해럴드 1세가 통치하고 있었습니다. 그리고 해럴드 1세 치하에서 하르다크누트의 엄마인 엠마는 냉대를 받았다고 알려져 있습니다.

그리고 엠마의 친정인 노르망디 공국에는 애설레드 2세와 엠마의 자녀인 에드워드와 앨프레드가 있었습니다. 그 두 사람은 다시 앵글로색슨의 왕조를 열기 위해 잉글랜드로 돌아옵니다. 그런데 앨프레드가 해럴드 1세에게 죽임을 당하면서, 에드워드와 엠마는 대륙으로 도망쳐 돌아갔습니다.

하르다크누트는 자신의 어머니를 냉대하고 배다른 형제를 죽인 해럴드 1세의 행동에 분노합니다. 그래서 1040년 북유럽의 정세가 안정되기가 무섭게, 해럴드 1세를 공격하기 위해 잉글랜드에 상륙하였습니다. 그 직후, 해럴드 1세는 의문의 죽음을 맞이합니다. 이렇게 하르다크누트는 잉글랜드 왕으로 실권을 잡습니다.

왕위에 올랐으나 건강이 좋지 않았던 하르다크누트는 잉글랜드 귀족들의 호의를 얻고 왕위 계승을 준비하기 위해, 노르망디 공국에서 이복형인 에드워드를 불러들였습니다. 하지만 이후 1042년 하르다크누트는 젊은 나이에 세상을 떠났으며, 왕위를 이을 사람이 없었던 데인 왕조는 이렇게 막을 내렸습니다.

014 앵글로색슨 왕조의 끝

잉글랜드 왕위는 데인인에서 앵글로색슨인으로 돌아갔습니다. 왕이 된 에드워드는 독실한 그리스도교였기에 '참회왕'이라는 별명으로 불립니다. 오늘날 런던에 있는 영국을 대표하는 고딕 건축 성당 '웨스트민스터 사원'의 전신이 되는 건물을 세운 인물이 바로 에드워드 왕입니다. 이후 대부분의 잉글랜드 국왕은 이 사원에서 대관식을 거행했습니다. 에드워드 왕은 이 사원 옆에 '웨스트민스터 궁전'을 지었습니다. 이 궁전은 16세기 화재가 발생하기 전까지 왕의 거처 역할을 했으며, 훗날 이곳에서 영국의 의회가 열립니다.

에드워드 왕의 치세 아래 잉글랜드 각지에 교회가 세워지고, 교

회를 중심으로 한 마을이 들어섰습니다. 에드워드 왕은 노르망디에서 자라서 평소 프랑스어를 구사하였으며, 다수의 노르망디 사람을 귀족이나 관리로 영입하고 프랑스식 정치와 문화를 존중하였습니다. 또한 귀족인 웨섹스 백작 고드윈의 딸 에디스를 아내로 맞아, 막강한 고드윈 가문을 아군으로 만들고자 했습니다. 하지만 이후 고드윈과 갈등이 생겨 잠시 고드윈을 국외로 추방하였습니다. 얼마 뒤 고드윈은 다시 잉글랜드로 돌아왔습니다. 그리고 고드윈이 사망하자, 그 차남인 해럴드가 웨섹스 백작을 물려받습니다.

왕위 계승자가 없는 상태로, 1066년 에드워드 왕이 서거합니다. 현인 회의나 유력 귀족이 다음 왕으로서 지목한 인물은 웨섹스 백작인 해럴드였습니다. 같은 해, 해럴드는 해럴드 2세로서 잉글랜드 왕으로 즉위합니다.

그런데 이 즉위에 이의를 제기하는 인물이 있었습니다. 노르웨이 왕인 하랄 3세와 노르망디 공작인 기욤입니다. 하랄 3세는 크누트 1세 이후의 왕위 계승권을 주장하는 한편, 기욤은 에드워드 왕에게 왕위 계승을 약속받았으며 그 자리에 해럴드 2세도 있었다고 주장했습니다. 기욤은 혈통으로 따지면 에드워드 왕의 사촌 형제의 자녀라고 할 수 있습니다.

싸움으로 결판을 내기 위해 하랄 3세는 노르웨이 군대를 이끌고 잉글랜드에 상륙했습니다. 1066년 요크 근교에서 해럴드 2세와의 전쟁이 시작되었습니다. 이 스탬퍼드 브리지 전투에서 해럴드 2세의 군대가 대승을 거두었으며, 하랄 3세는 전사합니다. 이후 잉글랜드는 오랜 기간에 걸쳐 시달려 온 바이킹에게 습격당하는 일이 사라졌습니다. 이는 잉글랜드가 북유럽의 영향력에서 벗어나 서구

사회에 속하는 계기가 된 사건이라고 할 수 있습니다.

그러나 해럴드 2세는 승리에 취해 있을 시간이 없었습니다. 1066년 9월 28일, 노르망디 공작 기욤이 군대를 이끌고 잉글랜드에 상륙한 것입니다. 해럴드 2세는 바로 군대를 남하시킵니다. 10월 14일, 양군은 잉글랜드 동남쪽 해안 헤이스팅스 근교에서 격돌했습니다. 이 헤이스팅스 전투에서 보병을 주력으로 하는 잉글랜드군은 기병을 활용하는 노르망디군에게 격파당하고, 해럴드 2세는 전사합니다. 이렇게 잉글랜드에서 앵글로색슨인의 왕조는 끝을 맞이하였습니다.

015   웨일스와 아일랜드섬의 왕국들

잉글랜드와 스코틀랜드에서 왕국이 생겨났던 것처럼, 웨일스와 아일랜드섬에도 왕국이 있었습니다. 브리튼섬 서부의 웨일스에는, 앵글로색슨인이 남동부 등에 정착하면서 그에 밀려난 켈트계 브리튼인이 이주하여 살고 있었습니다. 이들은 7~8세기 사이에 웨일스어 등 독자적인 문화를 발전시켰으며 소수 부족에 의해 여러 왕국이 건국됩니다.

757년부터 웨일스의 여러 왕국은 7왕국 중 하나인 머시아와 반세기 남짓 계속해서 다툼을 벌입니다. 9세기에는 귀네드 왕 로드리 마우르가 거의 웨일스 전역을 통일하고, 머시아와 바이킹 등의

12세기 초반의 웨일스

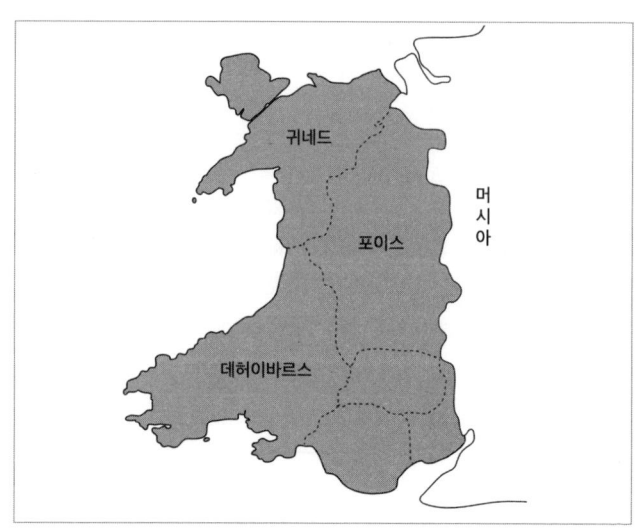

침공으로부터 웨일스를 지켜냈습니다.

그러나 로드리가 사망하고 그의 자식들이 영지를 분할 통치하면서, 웨일스는 다시 각국이 통합과 분열을 거듭하는 시대를 맞이합니다. 그리하여 12세기에는 귀네드 왕국, 데허이바르스 왕국, 포이스 왕국이 대두됩니다.

아일랜드섬은 켈트족(게일족)이 지배하는 토지로, 드루이드의 아래 자연 숭배가 행해져 왔습니다(자세한 내용은 19페이지 참조). 432년에는 아일랜드섬을 찾은 성 파트리치오가 그리스도교를 전파하면서 자연 숭배와 그리스도교는 융합되어 갑니다.

6세기 무렵의 아일랜드섬에는 150개에 달하는 게일족의 소왕국이 난립하고 있었습니다. 수도원 운동을 전개하는 그리스도교를 중심으로, 게일족은 8세기까지 평화로운 시대를 보냅니다.

그러나 8세기 말, 아일랜드섬에 출몰한 바이킹이 습격을 거듭합니다. 그리고 머지않아 바이킹이 정착하여 성과 요새를 쌓기 시작합니다. 게일족은 저항하였지만 부족 간의 결속이 약하여 많은 수도원 등이 약탈당하고 파괴되었습니다.

10세기 후반, 바이킹의 끈질긴 횡포에 대항하여 일어선 사람이 아일랜드 국왕을 자처한 브리안 보루입니다. 1014년 보루는 아일랜드를 통일하고 바이킹을 격퇴합니다. 이후 아일랜드에서 바이킹의 위협은 희미해졌으며 아일랜드에 거주하던 바이킹은 그리스도교로 개종하여 켈트족과 융합해 나갔습니다.

칼럼   영국 국기와 국장의 비밀

네 국가의 연합 왕국인데, 세 국가밖에 없다?

영국이라는 나라는 여러 나라가 긴 시대를 거쳐 만들어졌습니다. 이러한 맥락은 국기에서도 찾아볼 수 있습니다. 영국의 국기는 '유니언 기Union Flag' 혹은 '유니언 잭Union Jack'이라고 불립니다. 유니언은 연합을, 잭은 뱃머리에 내거는 깃발을 의미합니다.

영국의 국기는 여러 개의 깃발이 하나로 합쳐져 만들어졌습니다. 처음에는 흰 바탕에 붉은 십자 모양의 성 조지의 잉글랜드 깃발뿐이었습니다. 그 후 파란 바탕에 흰 엑스 모양의 성 앤드루의 스코틀랜드 깃발이 합쳐집니다. 그리고 마지막으로 흰 바탕에 붉은 엑스 모양의 성 패트릭의 아일랜드 깃발이 더해졌습니다.

'어라? 웨일스는?'이라고 생각할지도 모르겠네요. 웨일스가 잉글랜드에 합병된 것은 다른 두 나라보다 훨씬 더 오래전이며, 잉글랜드의 깃발이 생기기 전부터 이미 잉글랜드에 병합되어 일부로 여겨졌습니다. 그런 웨일스의 국기는 1959년이 되어서야 만들어졌습니다.

깃발과 함께 공식 석상에서 볼 기회가 많은 것이 '국장'입니다. 영국의 국장 또한 깃발과 마찬가지로 여러 국장으로 구성되어 있습니다. 잉글랜드는 붉은 바탕에 노란색 사자 세 마리, 스코틀랜드는 노란 바탕에 붉은색 사자 한 마리, 아일랜드는 남색 바탕에 현이 은색인 금색 하프가 그려져 있습니다.

영국 국기의 변천

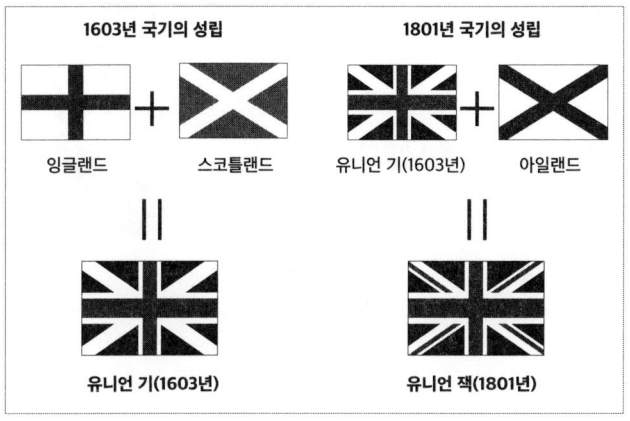

국장에서도 역시 웨일스의 문장은 없는데, 이는 국기와 같은 이유에서입니다. 참고로 세 국가의 국장을 받치고 있는 동물 가운데 왼쪽의 사자는 잉글랜드를, 오른쪽의 유니콘은 스코틀랜드를 나타내고 있습니다.

알면 알수록 재미있는 영국의 위인 ★ 2 ★

영민의 목소리를 대변한 여인, 레이디 고다이바

세금으로 고통받던 영민들의 마음을 읽다

북해 제국에 편입되어 있던 시대의 잉글랜드에는 강력한 권한을 가진 귀족이 다수 있었습니다. 머시아 백작 레오프릭도 그런 유력 귀족 중 한 명이었습니다. 전해지는 이야기에는 레오프릭은 영지인 코번트리의 영민에게 고액의 세금을 부과하여 고통을 주고 있었습니다. 인정 많은 레오프릭의 부인 고다이바가 영민들의 세금을 줄여 달라고 남편에게 이야기하자, 레오프릭은 고다이바에게 벌거벗은 상태로 말을 타고 거리를 한 바퀴 돌면 세금을 줄여 주겠다는 터무니없는 약속을 내걸었습니다.

하지만 고다이바는 영민들을 위해 실행으로 옮겼고, 약속대로 영민들의 세금은 줄어들었습니다. 고다이바가 벌거벗은 채 마을을 행진할 때 그녀의 마음가짐과 의지를 느낀 영민들은 고개를 숙였지만, 단 한 사람 톰이라는 남자만 쳐다보았다고 합니다. 여기서 유래한 표현이 바로 '피핑 톰 Peeping Tom'으로, 즉 몰래 엿보기 좋아하는 사람을 의미합니다.

Chapter 3

전쟁으로 혼란스러운 국내외

016 프랑스에서 온 노르만 왕조

잉글랜드 왕 해럴드 2세에게 승리한 노르망디 공작 기욤의 군대는 그 기세를 몰아 각 도시를 점거하고 마침내 런던을 제압합니다. 그리고 1066년 기욤은 웨스트민스터 사원에서 대관식을 열고 잉글랜드 왕 윌리엄 1세로 즉위하였습니다. 이 시점부터 '노르만 왕조'가 시작됩니다. 노르만인 윌리엄 1세가 잉글랜드를 정복하고 왕이 된 사건을 '노르만 정복Norman Conquest'이라고 부릅니다. 이후 도버 해협을 건너 브리튼섬을 침공하고 정복한 민족은 없습니다.

노르만 왕조의 시작은 잉글랜드의 전환점이라고도 할 수 있습니다. 첫째, 이전까지의 데인 왕조 시대에 쌓은 북유럽 국가들과의 밀접한 관계가 희미해지고, 프랑스 왕국이나 이탈리아 왕국과 관계를 맺게 되었습니다. 앵글로색슨인 귀족의 토지가 대부분 몰수되고 노르만인 귀족에게 주어집니다. 게다가 국내의 고위 성직자들은 대부분 프랑스나 이탈리아에서 초대되었습니다.

둘째, 윌리엄 1세는 세계 최초로 토지 대장을 작성합니다. 이는 노르만인 귀족이 새로 소유한 토지 상황을 조사하고, 토지에 부과하는 세금을 효율적으로 걷기 위한 것이었다고 합니다. 윌리엄 1세는 귀족들에게 토지를 주어 충성을 맹세하게 하고 전쟁 시 봉신은 주군에게 병력을 보내야 하는, 이른바 봉건제를 확립합니다.

셋째, 프랑스 문화가 유입됩니다. 독일어에 가까웠던 당시의 영어에 프랑스에서 유래한 노르만인의 언어가 들어오기 시작했습니다. 예를 들어 '포크pork'나 '비프beef' 등의 단어가 있습니다. 프랑스

어는 잉글랜드 상류층의 공용어가 되었으며, 평민은 이전과 마찬가지로 영어를 사용하였습니다. 14세기에 시작된 '백년전쟁'까지 프랑스어는 상류층의 공용어였습니다. 또한 도시에는 견고하게 돌로 만든 것이 특징인 노르만 양식의 건축물이 만들어졌습니다. 대표적으로 처음에는 방어 목적의 요새로 지어졌다가 훗날 감옥이 된 런던 탑과 더럼 대성당이 있습니다.

사회에 프랑스 문화가 조금씩 스며들었고, 노르만인의 지배를 받아들이지 못하는 앵글로색슨인들은 반란을 일으켰지만 매번 진압당했습니다. 그리고 윌리엄 1세도 잉글랜드 왕이 되긴 했지만, 노르망디 공작이라는 신분은 그대로였습니다. 다시 말해 잉글랜드의 왕이자 동시에 프랑스 왕의 봉신이기도 했던 것입니다. 복잡하게 꼬인 이 관계가 훗날 백년전쟁의 방아쇠가 됩니다.

017 잉글랜드의 내란, 두 명의 마틸다

1087년 윌리엄 1세가 사망하면서 영지는 분할 상속됩니다. 본거지인 노르망디 공국은 장남인 로베르가, 잉글랜드 왕국은 셋째 아들인 윌리엄 2세가 다스렸습니다. 그런데 윌리엄 2세가 사냥 도중 화살을 맞아 목숨을 잃게 됩니다. 윌리엄 2세에게는 후계자가 없었기에, 1100년 윌리엄 1세의 막내아들인 헨리가 재빠르게 헨리 1세로서 잉글랜드 왕으로 즉위합니다.

헨리의 즉위에, 잉글랜드 지배를 계획하고 있던 로베르는 격분하여 잉글랜드를 침공합니다. 이때 헨리 1세는 로베르에게 돈을 주고 노르망디에 대한 야심을 포기한다는 약속을 하며 잉글랜드 왕의 지위를 확보하였습니다.

이런 왕의 낮은 자세에 대해 잉글랜드와 대륙 모두에 영지를 가진 잉글랜드 귀족들이 반란을 일으키자, 이전의 약속은 오래가지 못했습니다. 헨리 1세는 노르망디 침공을 결심합니다. 1106년 노르망디에 침공한 헨리 1세가 로베르에게 승리하면서 노르망디 공작을 겸하게 됩니다. 포로가 된 로베르는 웨일스의 성에 28년간 감금된 끝에 세상을 떠납니다.

잉글랜드와 노르망디를 모두 통치하게 된 헨리 1세에게는 왕위 계승권이 있는 후계자 윌리엄과 딸 마틸다, 그리고 계승권이 없는 아들 글로스터 백작 로버트 등이 있었는데 윌리엄이 불의의 사고로 세상을 떠나면서 헨리 1세는 마틸다를 후계자로 지명합니다.

노르만 왕조를 중심으로 한 가계도

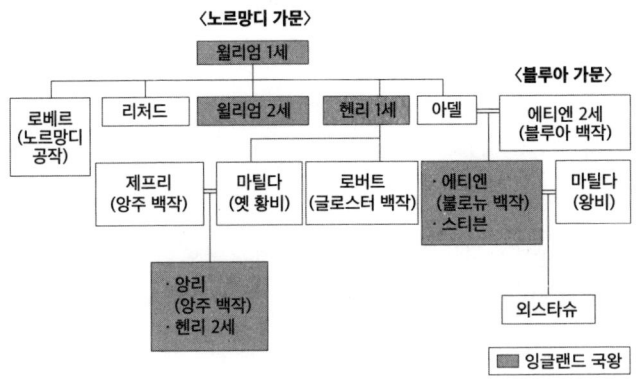

이때 마틸다는 신성 로마 제국의 황제 하인리히 5세와 결혼하여, '황비empress'라는 칭호로 불렸습니다. 그러나 남편 하인리히 5세가 아이를 가지기도 전에 세상을 떠나고 말았습니다. 잉글랜드로 돌아온 마틸다는 이번에는 앙주 백작 제프리와 재혼하여 장남 앙리를 낳습니다. 앙주는 오늘날 프랑스 중앙부, 노르망디 공국 옆에 있으며 원래 양국은 오랜 세월 영지를 둘러싸고 다투는 관계였습니다.

1135년 헨리 1세가 노르망디 공국에서 사망하였습니다. 그의 죽음을 알게 된 헨리 1세의 조카이자 프랑스 블루아 가문 출신의 불로뉴 백작 에티엔은 곧바로 런던으로 향하였고, 마틸다에 반대하는 교회와 여러 귀족의 협력으로 잉글랜드 왕 스티븐으로 즉위합니다. 이 스티븐 왕의 치세는 그의 출신 가문을 따라 '블루아 왕조'라고도 부릅니다.

한편 후계자였던 마틸다는 앙주에 있었기에, 스티븐의 즉위하려는 움직임에 대응이 늦어지고 말았습니다. 하지만 스티븐의 즉위에 마틸다가 수수방관만 하고 있었던 것은 아닙니다. 삼촌인 스코틀랜드 왕 데이비드 1세와 이복오빠인 글로스터 백작 로버트를 아군으로 만들어 왕위를 빼앗으려 합니다. 남편 제프리는 프랑스 왕에게 노르망디 공작으로 인정받았습니다.

마틸다와 스티븐, 두 사람의 싸움으로 인해 잉글랜드는 내란 상태에 빠졌습니다. 상황은 마틸다에게 유리하게 기울어, 1141년 링컨 전투에서 승리를 거두면서 스티븐 왕을 포로로 삼습니다. 기세가 오른 마틸다는 '잉글랜드 및 노르망디의 여성 군주'로 대관식을 치르기 위해 웨스트민스터 사원으로 진군하지만, 반대 세력에게 저지당합니다. 이때 마틸다를 막아선 것은 스티븐 왕의 왕비, 또 다른 마틸다가 이끄는 군대였습니다.

왕비 마틸다는 남편 스티븐 왕이 포로로 잡힌 상황에서도 스티븐파를 결속시켰고, 전투에서 승리하여 글로스터 백작 로버트를 포로로 삼았습니다. 그리고 스티븐 왕은 포로가 된 로버트와 교환되어 풀려납니다. 내란은 묘하게도 마틸다라는 똑같은 이름을 가진 여성들의 전투가 되었던 것입니다.

018 광활한 영지의 플랜태저넷 왕조

잉글랜드의 내란은 1147년 글로스터 백작 로버트가 사망하고, 이듬해에 옛 황비 마틸다가 노르망디로 돌아오면서 새로운 국면을 맞이합니다. 옛 황비 마틸다를 대신해 노르망디 공작을 이은 아들 앙리가 참전했습니다. 1151년에는 아버지 제프리가 사망하면서 앙리는 앙주 백작을 계승합니다.

그리고 이듬해에 앙리는 프랑스 왕 루이 7세와 이혼한 엘레오노르와 결혼했습니다. 엘레오노르는 프랑스 남서부의 아키텐 공작의 딸입니다. 이 결혼으로 앙리는 프랑스에서 노르망디, 앙주, 아키텐이라는 광대한 영지를 소유하게 되었는데 그 면적은 프랑스 왕의 영지보다도 더 넓었습니다.

앙리는 타이밍이 좋았습니다. 엘레오노르와 결혼하기 직전에 스티븐 왕의 왕비 마틸다가 사망하였으며, 1153년에 스티븐 왕의 아들 외스타슈도 사망했습니다. 전의를 잃은 스티븐 왕은 같은 해에 앙리와 월링퍼드 조약을 맺습니다. 이는 자신이 세상을 떠나면 잉글랜드 왕위를 앙리에게 물려주겠다는 내용이었습니다.

1154년에 스티븐 왕이 사망하면서, 블루아 왕조는 불과 한 명의 왕으로 끝이 납니다. 그리고 조약에 따라 앙리가 잉글랜드 국왕 헨리 2세로 즉위하였습니다. 헨리 2세를 시조로 하는 왕조는 '앙주 왕조' 또는 앙주 가문의 문장에 새겨진 식물 금작화의 라틴어 '플랜타제니스타'에서 따와 '플랜태저넷 왕조'라고도 부릅니다.

잉글랜드 왕이 된 헨리 2세는 잉글랜드 외에도 프랑스 남서부

일대, 피레네산맥에 이르는 방대한 영지를 다스렸습니다. 게다가 웨일스의 주요 공국들이 잉글랜드 왕권에 신종을 표했습니다. 그리고 로마 교황을 대신해 아일랜드에 그리스도교를 선교하는 대가로 주어진 아일랜드 태수의 지위를 받아, 아일랜드를 침공해 지배하에 두었습니다.

워낙 광활한 영지였기에 헨리 2세의 영지는 '앙주 제국'이라고도 부릅니다. 그러나 편의상 그렇게 붙여진 이름일 뿐, 각 지역이 서로 다른 관습, 신분제도, 화폐제도를 유지하고 있었기 때문에 하나의 통합된 제국으로서 정식 국명은 아닙니다. 북해 제국처럼 상징적인 표현에 가깝습니다.

잉글랜드를 얻은 헨리 2세가 가장 먼저 한 일은 국내 재건이었습니다. 스티븐 왕과 옛 황비 마틸다가 자기 진영을 유리하게 이끌기 위해 유력 영주에게 토지와 권리를 부여한 결과 영주의 권력이 커졌으며, 그런 영주에게 지배당한 주 장관 등의 지방 관료들은 영민에게 가혹한 정치를 행하고 있었습니다. 그래서 헨리 2세는 몇몇 관직을 폐지하거나 주 장관에 대한 감시를 강화하여 영민을 보호하였습니다. 나아가 지방에서의 중요 사안을 결정할 때는 중앙 정부가 정기적으로 파견하는 판사단이 재판을 열어 민중들의 목소리가 국왕에게 전달되도록 하였습니다.

019　왕위를 둘러싼 가족 싸움

영지를 지나치게 획득하여 운이 다했는지, 노년의 헨리 2세는 가족 간의 갈등에 시달립니다. 먼저 왕비 엘레오노르와의 사이가 매우 나빠졌습니다. 헨리 2세가 다른 여자에게 마음을 주었기 때문입니다. 헨리 2세와 엘레오노르의 사이에는 다섯 명의 아들과 세 명의 딸이 있었습니다. 장남은 일찍이 죽고 둘째 아들 청년왕The Young King 헨리가 후계자가 되어, 명목상 헨리 2세와 공동으로 영지를 통치하였습니다.

앙주 제국의 영역

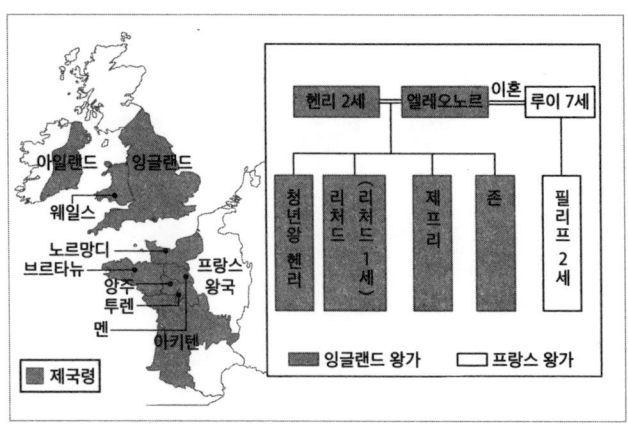

청년왕 헨리는 자신이 물려받을 상속에 아무 문제가 없을 것이라고 생각했지만, 1173년에 헨리 2세가 청년왕 헨리에게 물려줄 영지를 제일 예뻐하는 막내아들 존에게 주려 하면서 다툼이 일어

납니다. 왜냐하면 헨리 2세가 주어야 할 영지는 이미 형제들에게 분배되어 있어, 엘레오노르가 마흔다섯에 낳은 존의 몫이 남아 있지 않았기 때문입니다.

격분한 청년왕 헨리는 군사를 일으켰고 거기에 리처드, 제프리, 엘레오노르, 심지어 프랑스 왕 루이 7세와 스코틀랜드 왕 윌리엄 1세까지 가세하였습니다. 군사를 일으킨 청년왕 헨리에 대비하기 위해 헨리 2세는 제국 내에서 유입되는 풍부한 자금을 밑천으로 용병을 고용해 반격하여, 자신의 아들 청년왕 헨리 일파를 굴복시키고 아내 엘레오노르를 감금합니다.

020 사자심왕의 십자군 전쟁

머지않아 청년왕 헨리와 제프리가 연달아 사망하자, 리처드가 새로운 후계자가 됩니다. 그러자 이번에 헨리 2세는 리처드에게 아키텐을 존에게 주라고 명령합니다. 리처드는 이를 거부하고 프랑스의 새로운 왕 필리프 2세와 손을 잡고 대항하였습니다. 리처드의 세력이 우세해지자, 존이 헨리 2세를 배신하고 리처드의 손을 들어줍니다.

존의 배신에 큰 충격을 받은 헨리 2세는 앙주 영내의 성에서 실의에 빠진 채 사망합니다. 1189년 앙주 제국의 새로운 주인이 된 리처드는 잉글랜드 왕 리처드 1세로 즉위하였습니다. 리처드 1세는 투철한 기사도 정신과 전투에서의 용맹하고 과감한 모습 때문에 '사자심Lionheart왕'이라는 별명으로도 유명한 인물입니다.

리처드 1세는 즉위한 그해 12월 로마 교황의 요청을 받아들여, 이듬해 이슬람 세력 아래에 있던 그리스도교 성지인 예루살렘을 되찾기 위해 프랑스 왕 필리프 2세, 신성 로마 제국 황제 프리드리히 1세와 함께 제3차 십자군 전쟁에 참가합니다.

하지만 프리드리히 1세가 예루살렘에 도착하기 전에 사망한 데다가, 필리프 2세는 도착하자마자 귀환해 버립니다. 하지만 리처드 1세는 2년 동안 전쟁을 계속하였습니다. 결국 리처드 1세는 이슬람교도 측과 휴전 협정을 맺은 뒤, 예루살렘은 되찾지 못하고 귀국합니다.

그러나 리처드 1세는 잉글랜드로 귀국하던 도중 붙잡힙니다. 신성 로마 제국의 황제 하인리히 6세는 앙주 제국을 위험하다고 생각했고, 리처드 1세는 하인리히 6세에게 넘겨집니다. 하인리히 6세는 리처드 1세를 풀어 주는 조건으로 15만 마르크(순은으로 계산하면 35톤), 당시 잉글랜드 연간 수입의 약 3배가 되는 터무니없는 몸값을 요구합니다.

이 몸값을 지급하기 위해 앙주 제국의 국민에게 높은 세금이 부과되어 참혹한 고생을 겪습니다. 우선 10만 마르크를 하인리히 6세에게 넘겨주고, 리처드 1세는 해방됩니다.

리처드 1세가 갇혀 있는 동안, 필리프 2세가 노르망디와 투렌 등 앙주 제국의 영지를 빼앗아 가고 있었습니다. 게다가 필리프 2세와 공모한 존이 리처드 1세에게 잉글랜드 왕위를 요구하기 시작했습니다.

잉글랜드로 돌아온 리처드 1세는 곧바로 맹렬한 사자와 같은 움직임으로 영지를 되찾아 존을 항복시켰습니다. 하지만 1199년 리처드 1세는 전투에서의 상처로 인해 사망합니다. 그의 용맹스러움은 높은 평가를 받지만, 전쟁을 겪으면서 치른 막대한 몸값으로 국민에게 경제적 부담을 안겨 준 것은 앙주 제국이 붕괴하는 데에 일조했다고 할 수 있습니다.

021 존이라는 이름의 왕은 오직 한 명

리처드 1세의 죽음으로 마침내 존이 잉글랜드 왕위에 오르지만, 프랑스 왕 필리프 2세에게 노르망디와 앙주를 쉽게 빼앗깁니다. 심지어는 프랑스 대륙의 귀족들은 존이 아닌 필리프 2세에게 복종했다고 합니다. 왜냐하면 노르만이 잉글랜드를 정복할 당시에 잉글랜드와 프랑스, 양쪽에 모두 영지를 가지고 있던 노르만 귀족도 이 무렵에는 본가와 분가라는 가문의 분화가 진행되었습니다. 따라서 프랑스 대륙에만 영지를 소유하고 있는 귀족들은 점차 잉글랜드 왕에 대한 충성심이 희미해졌기 때문입니다.

존 왕은 프랑스에 대한 반항을 부추겼지만, 대륙의 귀족들은 귀를 기울이지 않았습니다. 결과적으로 대륙의 영지를 엄청나게 잃게 된 존 왕은 '노르망디의 상실자'라고 불리게 되었습니다.

1214년 존 왕은 대륙의 영지를 탈환하기 위해 신성 로마 제국의 황제 오토 4세와 동맹을 맺고 프랑스로 원정을 떠나지만, 크게 패배하고 도망쳤습니다.

그런데도 옛 영지를 포기할 수 없었던 존 왕은 전쟁 비용을 마련할 목적으로 귀족들과 상의하지 않고 여러 차례 세금을 징수합니다. 잉글랜드 귀족들은 대륙에 영지를 가지고 있지 않았기 때문에, 영지를 탈환해도 자신들에게 이점이 없었으며 오히려 세금 부담에 반감만 갖게 되었습니다.

1215년 화가 난 잉글랜드 귀족들은 존 왕에게 왕권을 제한하고 귀족의 권리와 도시의 자유를 보장한 문서에 서명하게 했습니다.

이 문서가 바로 '마그나 카르타^{Magna Carta}'라는 대헌장인데, 이는 오늘날의 영국에서도 국왕의 전제로부터 국민의 권리와 자유를 지키는 근거입니다. 왜냐하면 영국은 문서의 형식으로 된 성문헌법을 가지고 있는 대부분의 나라와 달리, 법전이 없고 의회법, 판례, 관습 등이 역사를 통해 축적되어 이루어진 '불문헌법'을 취하고 있기 때문입니다.

처음에는 마그나 카르타를 인정한 존 왕이었지만, 곧 이를 무효화하면서 귀족과의 전쟁(제1차 남작 전쟁)으로 발전합니다. 처음에는 존 왕의 국왕군이 우세했으나, 잉글랜드 귀족의 도움을 요청받은 필리프 2세가 자신의 아들이자 왕태자인 루이를 잉글랜드 왕위의 차기 계승자로 보내면서 전세는 역전되었습니다. 패배한 존 왕은 1216년 병으로 사망합니다.

새로운 잉글랜드 왕으로 존의 아들인 헨리 3세가 즉위했습니다. 아직 어렸던 헨리 3세를 지지하는 귀족 윌리엄 마셜은 인망이 높았으며, 더욱이 마그나 카르타를 준수하겠다고 약속하여 잉글랜드 귀족들의 대부분이 헨리 3세 국왕 편에 섭니다. 형세는 단숨에 국왕 쪽으로 기울었고, 연전연패한 프랑스 왕태자 루이는 잉글랜드 왕위에 대한 요구를 철회할 수밖에 없었습니다.

존 왕은 앙주 제국의 광대했던 영지를 잃고 제후들을 하나로 묶어 통제할 권력이 부족했다는 점에서 어리석다는 이미지가 강하였기에, 이후 잉글랜드 왕가에서 존 왕의 이름을 이어받은 사람은 없습니다. 중세 잉글랜드의 전설적인 영웅 로빈 후드를 주인공으로 한 이야기에서 존 왕은 악역으로 등장하기도 합니다.

022 정기적으로 열렸던 대자문회의

제1차 남작 전쟁이 종결되면서, 어린 나이에 즉위한 헨리 3세는 유력 귀족들과 평화적인 관계를 맺었습니다. 유력 귀족들과 성직자들은 존 왕 시절부터의 충신들과 함께 '대자문회의Parliament'를 열어 어린 헨리 3세를 지지합니다.

존 왕이 앙주 제국의 거대한 대륙의 영지를 잃고 난 후, 헨리 3세가 잉글랜드 국내에서 정치를 하게 되면서 웨스트민스터 궁전에서 정기적으로 대자문회의가 개최됩니다. 이 대자문회의가 바로 오늘날 영국 의회의 원형이 되었습니다. 13세기 중반에 열린 초기 대자문회의에는 국왕의 측근, 귀족, 고위 성직자 외에도 각 주의 기사, 시민, 하층 성직자들이 참석했습니다.

하지만 의회가 잉글랜드의 정치를 움직이게 된 1232년, 25세가 된 헨리 3세가 스스로 정치를 하려고 하자 의회와 충돌하게 됩니다. 헨리 3세에게는 존 왕이 잃어버린 대륙의 영지를 되찾으려는 야심이 있었기 때문입니다. 1242년 헨리 3세는 의회의 반대를 무릅쓰고 프랑스로 원정을 떠났지만 큰 성과를 거두지 못했습니다.

게다가 당시 로마 교황은 신성 로마 제국의 황제와 대립하고 있었습니다. 로마 교황은 헨리 3세를 회유하기 위해 이탈리아의 시칠리아 국왕 자리에 헨리 3세의 둘째 아들 에드먼드를 추천합니다. 하지만 당시 시칠리아는 신성 로마 제국 황제의 아들이 지배하고 있어, 그를 제거하기 위해서는 헨리 3세가 시칠리아로 원정을 떠나야 했습니다. 그러나 거액의 전쟁 비용이 발생한다는 이유로 의회가 반발하면서 계획은 실패로 돌아갑니다.

의회의 반대로 원정이 어려워진 헨리 3세는, 1259년 프랑스 왕 루이 9세와 파리 조약을 맺습니다. 이 조약은 헨리 3세가 아키텐 공작 자격으로 프랑스 남서부의 가스코뉴만을 제외하고, 앙주와 노르망디 등 북서 프랑스에 대한 권리를 포기한다는 내용의 조약으로, 이로써 앙주 제국의 재건에 대한 헨리 3세의 야망은 깨지고 맙니다.

국왕과 의회의 대립은 다시 귀족의 반란을 초래합니다. 1264년 레스터 백작 시몽 드 몽포르가 이끄는 귀족군이 반란을 일으킵니다(제2차 남작 전쟁). 몽포르의 군대는 헨리 3세와 첫째 아들 에드워드를 붙잡는 데 성공합니다. 그러나 탈주한 에드워드가 국왕군을 일으켜 다시 전쟁에 불을 지폈고, 귀족군이 패배하고 몽포르가 전사함으로써 반란은 사그라들었습니다. 제2차 남작 전쟁의 결과, 헨리 3세는 의회의 중요성을 인정하며 왕권과 의회의 협조가 국가 운영에 중요하다고 생각하게 됩니다. 1272년 헨리 3세가 세상을 떠나고, 에드워드가 에드워드 1세로 잉글랜드 왕위에 오릅니다.

023 스코틀랜드와 잉글랜드 국경

노르만족이 잉글랜드를 정복하기 전, 스코틀랜드에서는 왕위 계승권 다툼이 벌어지고 있었습니다. 스코틀랜드 왕에게서 왕위를 빼앗은 맥베스는 통치 능력이 뛰어나, 당시로서는 굉장히 긴 17년이라는 기간 동안 왕위를 지키고 있었습니다. 그런 맥베스는 선왕의 아들 말 콜룸과의 싸움에서 패배해 최후를 맞이합니다.

1058년 말 콜룸은 스코틀랜드 왕 맬컴 3세로 즉위합니다. 망명지인 잉글랜드에서 자란 맬컴 3세는 앵글로색슨인 문화를 좋아했고 아내도 웨섹스 왕가의 혈통이었습니다. 이런 맬컴 3세에 의해 스코틀랜드 남부는 잉글랜드화가 되며, 이전처럼 게일어가 아닌 영어를 사용하게 됩니다.

게다가 스코틀랜드와 잉글랜드는 국경선이 명확하지 않아 서로 침공을 거듭하고 있었습니다. 1237년 스코틀랜드 왕 알렉산더 2세와 잉글랜드의 헨리 3세가 요크 조약을 맺으면서 비로소 양국 간의 국경이 확정되었습니다.

13세기 웨일스에서는 귀네드가 단연 돋보였습니다. 그리고 귀네드 공작 허웰린 압 요르웨르스는 1258년 웨일스의 지배자로서 스스로 웨일스 대공이 되었으며, 1267년 헨리 3세가 허웰린의 웨일스 공작 지위를 인정하였습니다.

024 브리튼섬 통일이라는 목표

잉글랜드 왕이 된 에드워드 1세는, 할아버지나 아버지와 달리 취임 초부터 의회를 존중했습니다. 로마 교황이 봉납을 요구해도 의회의 승인이 필요하다며 거부하였고, 다른 나라와 강화를 맺을 때도 무조건 의회와 상의하였습니다. 게다가 이 시대의 의회에는 옥스퍼드 대학이나 케임브리지 대학에서 공부한 법률가가 많이 참여하고 있었습니다.

에드워드 1세가 의회를 중시한 데는 이유가 있었습니다. 에드워드 1세의 야망인 브리튼섬의 통일, 즉 웨일스와 스코틀랜드로 쳐들어가기 위해서는 막대한 전쟁 비용이 필요했던 것입니다.

잉글랜드의 왕권은 마그나 카르타에 의해 제한되어 있어, 새로운 세금 징수를 위해서는 의회의 승인이 필요했습니다. 그래서 에드워드 1세는 유럽에서 수요가 높아진 양모에 주목하고, 수출 관세를 마련해 세수를 늘립니다.

1277년 준비를 완료한 에드워드 1세는 웨일스 원정을 시작합니다. 웨일스 공작인 허웰린이 에드워드 1세에 주종 관계를 명확히 하는 신하의 예의를 갖추지 않은 것이 하나의 요인이었습니다. 허웰린은 압도적인 전력을 갖춘 잉글랜드군에 결국 항복하였습니다. 그 후 허웰린은 봉기를 일으키지만, 패배하고 전사합니다. 웨일스인에 의한 웨일스 통치는 그렇게 끝이 납니다.

웨일스 공작이라는 칭호는 1301년 에드워드 1세의 아들(훗날의 에드워드 2세)에게 주어집니다. 이후에 잉글랜드 왕가의 왕위 계승권 1위인 왕자에게 이 칭호를 부여하게 되는데, 이는 웨일스 공국을 지배했다는 증표가 됩니다.

1295년에는 스코틀랜드에 원정을 가는 비용 조달을 인정받기 위해 웨스트민스터 궁전에서 의회를 열었습니다. 이때의 의회는 훗날 의회의 본보기가 되었기에 '모범 의회Model Parliament'라고 불리며, 점차 상원과 하원의 양원제를 확립해 나갑니다.

1291년 에드워드 1세는 스코틀랜드 왕위 계승 문제에 개입하며 교묘하게 본인의 영향력이 미치는 존 발리올을 스코틀랜드 왕으로 세웠습니다. 그러나 잉글랜드의 속국이 되는 것을 두려워한 스코틀랜드 귀족들의 지지로, 존 발리올은 잉글랜드의 적국이 된 프랑스와 손을 잡습니다. 1296년 에드워드 1세는 이를 이유로 스코틀랜드에 진입합니다.

존 발리올은 밀고 들어오는 잉글랜드군에 굴복하고 스코틀랜드 왕위를 에드워드 1세에게 빼앗깁니다. 심지어 스코틀랜드의 왕권을 상징하는 스콘석(자세한 내용은 41페이지 참조)까지 에드워드 1세에게 빼앗기게 되는데, 스콘석은 그 후 런던의 웨스트민스터 사원에 있다가 700년 후인 1996년에 스코틀랜드로 반환되었습니다.

그래도 스코틀랜드는 계속해서 잉글랜드의 지배에 저항합니다. 1306년에는 로버트 부르스가 스코틀랜드 왕위 계승자, 로버트 1세를 자처하며 즉위합니다. 에드워드 1세는 다시 스코틀랜드로 원정을 떠났으나, 도중에 병으로 사망합니다. 1314년 로버트 1세는 새로 즉위한 잉글랜드 왕 에드워드 2세를 배넉번 전투에서 물리치며 스코틀랜드의 독립을 유지하였습니다.

025 백년전쟁의 시작

에드워드 2세는 문제가 많은 인물이었습니다. 마음에 드는 가신에게 권력을 너무 많이 주는 바람에 왕비 이자벨을 중심으로 한 귀족들에게 반감을 샀다가, 1327년 폐위된 뒤 암살당했습니다. 이자벨은 프랑스 왕(카페 왕조) 필리프 4세의 딸입니다.

잉글랜드 왕위를 계승한 인물은 카페 왕조의 혈통이기도 한 아들 에드워드 3세였습니다. 어린 왕의 뒤를 지원한 사람은 이자벨과 그녀와 내연 관계에 있던 로저 모티머입니다. 1330년 정치의 실권을 되찾으려 했던 에드워드 3세는 모티머를 처형하고 이자벨을 가둔 뒤 스스로 정치를 펼칩니다.

에드워드 3세의 시대에 잉글랜드 의회는 귀족들로 구성된 '귀족원(상원에 해당)'과 기사나 도시 및 주의 대표자로 구성된 '서민원(하원에 해당)'이라는 양원제로 바뀌었습니다. 또한 이전까지 '백작'이나 '제후'와 같이 모호하게 구분했던 귀족 신분을 '공작', '후작', '백작', '자작', '남작'이라는 다섯 개의 작위로 명확히 구분하였습니다.

한편 프랑스에서는 1328년 카페 왕조의 프랑스 왕 샤를 4세가 사망하였습니다. 후계자가 없었기에 카페 왕조가 단절되는데, 이때 에드워드 3세가 자신이 프랑스 왕가의 혈통을 이어받았다는 점을 들며 프랑스 왕위 계승권을 주장했습니다. 그러나 프랑스의 새로운 왕으로는 에드워드 3세의 어머니 이자벨과 샤를 4세의 사촌격인, 발루아 가문의 필리프가 즉위하였습니다. 발루아 왕조의 초대 국왕 필리프 6세입니다.

발루아 가문은 카페 가문의 분가이기도 했기에, 에드워드 3세는 필리프의 즉위에 불만을 품었습니다. 그래도 일단 즉위를 인정하고 프랑스 귀족 아키텐 공작의 자격으로 프랑스로 건너가 필리프 6세에게 신종의 예의를 갖췄습니다.

그러나 1337년 에드워드 3세는 필리프 6세를 프랑스 왕으로 인정한 것을 취소하고, 프랑스 왕위를 요구하며 선전 포고합니다. 같은 해에 필리프 6세는 잉글랜드 왕실의 프랑스 영지를 몰수하겠다고 선언하였습니다. 그렇게 1339년 에드워드 3세가 프랑스를 침공하며 백년전쟁이 시작됩니다.

백년전쟁 당시 잉글랜드와 프랑스의 왕가

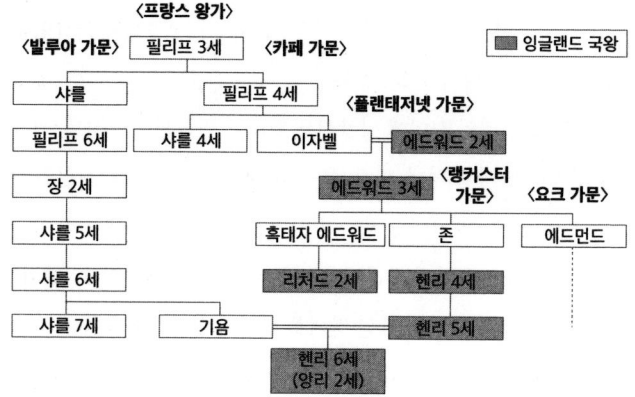

026 흑태자 에드워드의 활약

1340년 에드워드 3세는 프랑스 왕을 자처합니다. 대륙으로 진군한 잉글랜드군은 전쟁 초기부터 프랑스군을 상대로 우위를 점했습니다. 1355년부터는 에드워드 3세의 아들 에드워드가 원정군을 이끌게 됩니다. 검은 갑옷을 갖춰 입은 모습에서 '흑태자 에드워드'라고 불렸습니다.

1356년 푸아티에 전투에서 흑태자 에드워드는 사망한 필리프 6세의 아들이자 프랑스 왕인 장 2세를 붙잡는 성과를 거둡니다. 그 기세를 몰아 왕궁이 있는 파리를 포위한 뒤, 1360년 강화조약을 맺었습니다. 잉글랜드는 장 2세를 풀어 주고 잉글랜드 왕이 프랑스 왕이기도 하다는 주장을 거두는 대신, 프랑스는 잉글랜드에 장 2세의 막대한 몸값을 지급하고 아키텐과 칼레 등 광활한 영지를 양도한다는 내용이었습니다. 이렇게 백년전쟁은 일단락되었습니다.

하지만 재개된 백년전쟁에서는 잉글랜드군이 고전하면서 손에 넣었던 영지를 프랑스에게 차례차례 빼앗기게 됩니다. 1376년에는 흑태자 에드워드가 병사했고, 이듬해에는 에드워드 3세가 사망하였습니다. 그리고 새롭게 잉글랜드 왕으로 즉위한 사람이 흑태자 에드워드의 아들 리처드(리처드 2세)입니다. 리처드 2세는 10세로 어렸기에 삼촌인 랭커스터 공작 등 유력 귀족들에 의한 평의회가 정치를 맡게 되었습니다.

027 사회의 혼란, 흑사병과 농민 반란

백년전쟁으로 두 나라의 백성들이 고통받는 가운데, 14세기의 재앙은 그뿐만이 아니었습니다. 1348년 전염병 흑사병(페스트)이 잉글랜드를 찾아온 것입니다. 흑사병은 잉글랜드 국민의 30~40%를 사망에 이르게 했습니다. 14세기 초에 400~700만 명이었던 인구가 14세기 말에는 거의 절반까지 줄었다고 전해지며, 실제로 유럽 인구의 3분의 1이 사망했다고도 합니다. 잉글랜드와 프랑스는 흑사병으로 인해 휴전해야 하는 상황에까지 이르렀습니다.

인구 감소는 경제 활동에도 영향을 주었습니다. 노동력 부족으로 임금이 폭등하자, 지주는 높은 임금으로 농민을 고용하는 것보다 농민에게 수십 년 단위의 장기로 토지를 빌려주는 것이 더 좋은 방법이라고 생각했습니다. 그 결과, 농민들이 경작지를 안정적으로 확보할 수 있게 됩니다.

또한 리처드 2세의 시대인 1381년에는 '와트 타일러의 난'이라는 농민 반란이 일어납니다. 이는 농민들이 전쟁 비용을 충당하기 위해 부과된 인두세에 반대하면서 발생했습니다. 반란 이후 지주로부터 해방되어 자유를 얻은 농민은 '요먼Yeoman'이라 불리는 독립 자영 농민 계층을 형성했습니다. 다만 농민 반란에 의한 사회 불안은 백년전쟁 장기화의 간접적인 원인이 되었습니다.

028 랭커스터 왕조의 시작

 성장하여 정치를 하게 된 리처드 2세는 처음에는 인망이 높았습니다. 하지만 머지않아 마음에 드는 가신과 제멋대로 정치를 하면서 귀족의 영지를 몰수하는 등 횡포를 부립니다. 그래서 1399년 귀족들이 리처드 2세를 붙잡아 의회의 승인하에 폐위시켰습니다. 그리고 이듬해 리처드 2세는 옥중에서 사망합니다. 후계자가 없었기 때문에 플랜태저넷 왕조는 막을 내립니다.

 리처드 2세 대신, 의회에서 승인하여 잉글랜드 국왕이 된 인물이 그의 사촌인 랭커스터 가문(플랜태저넷 가문의 분가)의 더비 백작 헨리였습니다. 그가 잉글랜드 왕 헨리 4세로 즉위하면서, '랭커스터 왕조'가 시작되었습니다.

 선왕과 달리 헨리 4세는 의회와의 협조 노선을 택하여 프랑스와의 평화를 모색했습니다. 그러나 1413년 헨리 4세가 급사하면서, 왕태자 헨리가 잉글랜드 왕 헨리 5세로 즉위합니다.

 헨리 5세의 재위 기간은 10년 정도인데, 대부분을 프랑스와의 전쟁에 소비하였습니다. 즉위 당시 백년전쟁은 휴전 상태였기에 그 사이 헨리 5세는 국력을 정비해 프랑스 원정을 떠납니다. 1415년 아쟁쿠르 전투에서는 프랑스 왕 샤를 6세에게 승리하였습니다. 프랑스 국내에서 아르마냐크파와 부르고뉴파의 귀족들이 대립했던 것도 잉글랜드에 유리하게 작용하였습니다.

 이 승리로 헨리 5세는 노르망디 일대를 손에 넣었으며, 부르고뉴파와 손을 잡고 샤를 6세의 딸 카트린을 아내로 맞이합니다. 그리고 샤를 6세가 세상을 떠나면 헨리 5세 혹은 그 후계자가 프랑스 왕위를 잇는다는 트루아 조약을 맺었습니다.

1421년 헨리 5세와 카트린 사이에서 아들 헨리가 태어났습니다. 그러나 그 이듬해, 파리 교외에 머물던 헨리 5세가 급사하는 바람에 아들 헨리가 잉글랜드 왕 헨리 6세로 즉위합니다. 그리고 같은 해에 샤를 6세가 사망하면서 헨리 6세는 트루아 조약에 따라 앙리 2세로서 프랑스 왕위에도 올랐습니다. 이렇게 역사상 처음으로 잉글랜드 왕 겸 프랑스 왕이 탄생한 것입니다. 즉위 당시 헨리 6세는 생후 9개월도 되지 않은 나이였습니다. 그러나 아르마냐크파가 세운 프랑스 왕 샤를 7세는 헨리 6세의 프랑스 왕 즉위를 인정하지 않았습니다.

029 잔 다르크와 백년전쟁의 끝

1428년 잉글랜드군은 프랑스 아르마냐크파와 샤를 7세의 본거지인 오를레앙을 포위합니다. 그곳에 나타난 인물이 프랑스 역사에서 빼놓을 수 없는, '오를레앙의 성녀'라고 불리는 잔 다르크입니다.

잔 다르크는 샤를 7세를 급히 찾아가 프랑스군을 지휘하고 오를레앙을 해방했습니다. 그렇게 1429년 샤를 7세는 대관식을 치르고 정식으로 프랑스 국왕이 되었습니다. 한편 잔 다르크는 1430년 프랑스 부르고뉴파에게 붙잡혔습니다. 잉글랜드군은 그런 잔 다르크를 거금을 들여 포로로 데려와, 마녀재판을 통해 처형하였습니다.

잔 다르크를 잃었지만 아르마냐크파의 기세는 꺾이지 않았고 샤를 7세가 부르고뉴파와 화해하면서 잉글랜드와 부르고뉴파의 동맹은 파기되었습니다. 1453년 프랑스군의 공세로 잉글랜드의 대륙 영지가 칼레밖에 남지 않게 되면서 진흙탕이었던 백년전쟁은 이렇게 종결되었습니다.

030 장미와 장미의 왕위 쟁탈전

마침내 백년전쟁은 끝이 났지만, 종전 협정을 맺지는 않았습니다. 그래서 잉글랜드는 이후에도 프랑스를 침공합니다. 헨리 6세가 잉글랜드 왕이자 프랑스 왕으로 즉위했으니, 헨리 6세가 계속해서 프랑스를 지배하겠다는 명분에서였습니다. 잉글랜드 왕가는 1801년까지 '잉글랜드 왕 겸 프랑스 왕'이라는 칭호를 계속 사용합니다. 물론 프랑스는 헨리 6세의 프랑스 국왕 즉위를 인정하지 않고 있었습니다.

두 가문의 갈등, 장미 전쟁

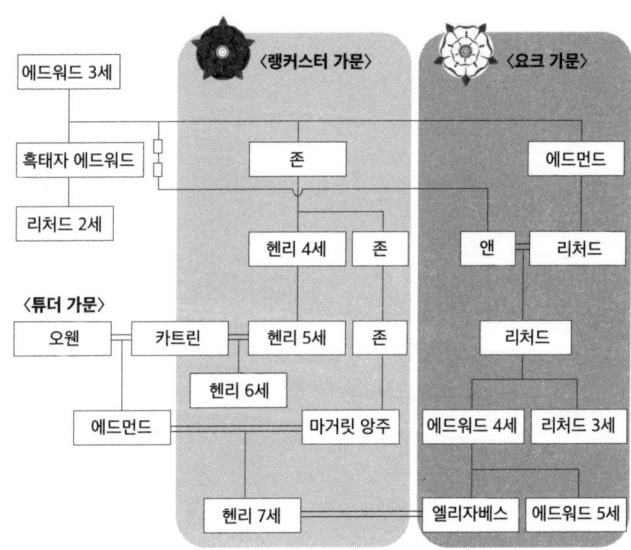

백년전쟁이 끝나갈 무렵, 헨리 6세와 프랑스 대귀족의 딸인 왕비 마거릿 앙주 사이에 왕자 에드워드가 태어납니다. 그런데 헨리 6세가 병에 걸려, 국무에 지장을 주는 상태가 되었습니다. 그래서 마거릿 앙주는 아픈 남편과 어린 자녀를 지키기 위해, 자신이 대신 나라를 다스릴 수 있도록 귀족들에게 손을 씁니다. 마거릿 앙주는 잉글랜드 귀족에게 미움을 받고 있었기에 섭정은 결국 의회에서 부결되지만, 결국에는 궁정을 자신의 지배하에 둡니다.

왕가가 이런 상황에서 플랜태저넷 가문의 분가인 요크 가문의 리처드가 랭커스터 가문의 왕위 계승에 이의를 제기하며 등장합니다. 게다가 왕위를 노리는 리처드는 직접 행동에 나섭니다. 잉글랜드 왕위를 둘러싸고 랭커스터 가문과 요크 가문이 벌이는 내란이 바로 '장미 전쟁'입니다. '장미'인 이유는 랭커스터 가문의 문장이 '붉은 장미', 요크 가문의 문장이 '흰 장미'였기 때문입니다.

031 랭커스터와 요크, 가문의 전쟁

1460년 노샘프턴 전투에서 요크 가문의 리처드는 병에서 회복하고 있던 헨리 6세를 붙잡았지만, 의회에는 아직 랭커스터 가문을 지지하는 세력이 있었기에 왕위를 빼앗기까지는 어려웠으며 전쟁이 일진일퇴로 진행되는 도중 리처드가 전사합니다.

새로운 요크 가문의 주인으로 리처드의 둘째 아들 에드워드가 올랐습니다. 에드워드는 유력 귀족인 워릭 백작의 지지를 받으며, 1461년 런던으로 들어갑니다. 그리고 붙잡힌 처지였던 헨리 6세의 자리를 대신해, 요크파 귀족의 천거로 대관식을 치르며 잉글랜드 왕 에드워드 4세로 즉위합니다. 이것이 '요크 왕조'의 시작입니다. 즉위 후 에드워드 4세는 랭커스터파를 배제합니다. 헨리 6세와 마거릿은 스코틀랜드로 도망쳤습니다.

그러나 머지않아 에드워드 4세가 막강한 권력의 워릭 백작을 멀리하게 되면서, 두 사람의 사이가 틀어집니다. 그러던 중 스코틀랜드의 지지를 받는 헨리 6세와 프랑스 왕 루이 11세의 지지를 받는 마거릿이 1470년 잉글랜드로 귀환합니다. 헨리 6세가 요크파에서 랭커스터파로 편승한 워릭 백작과 손을 잡았기에, 에드워드 4세는 한때 프랑스 부르고뉴 공국으로 망명하기도 했습니다.

잉글랜드 왕위를 되찾은 헨리 6세였지만, 1471년 귀국한 에드워드 4세에게 다시 왕위를 빼앗깁니다. 잉글랜드 귀족과 런던 시민의 지지를 받은 에드워드 4세는, 헨리 6세와 워릭 백작을 처형하고 마거릿을 가뒀습니다. 이렇게 일단 요크 가문이 승리했지만, 장미 전쟁은 아직 끝나지 않았습니다. 이번에는 요크 가문에서 내분이 일어난 것입니다.

1483년 에드워드 4세가 사망하자, 그의 장남이 12세의 나이에 잉글랜드 왕 에드워드 5세로 즉위합니다. 그러자 삼촌이자 섭정하고 있던 글로스터 공작 리처드가 에드워드 5세의 왕위 계승의 무효를 의회에 인정하게 하고, 에드워드 5세와 그의 동생을 런던탑에 가둡니다. 그리고 스스로 리처드 3세로서 잉글랜드 왕으로 즉위하였습니다. 이후로 에드워드 5세와 동생의 소식은 알 수 없게 되었으며, 일설에는 리처드 3세의 명령으로 암살되었다고도 합니다.

즉위한 리처드 3세는 정치적으로 대립하는 자들을 암살하며 권력 기반을 다졌기에, 귀족들은 리처드 3세를 두려워했습니다.

그래서 행동에 나선 인물이, 요크 가문의 박해를 피해 프랑스로 망명해 있었던 랭커스터 가문의 방계 가문인 튜더 가문의 헨리 튜더입니다. 1485년 웨일스에 상륙한 헨리의 군대는 잉글랜드 중앙부에서 리처드 3세의 군대와 격돌했습니다. 이 전투를 보스워스 전투라고 부릅니다. 전력은 리처드 3세의 군대가 더 앞섰지만, 공포 정치로 인해 리처드 3세 측에서는 귀족들이 잇따라 이반합니다. 그 결과 리처드 3세가 전사하면서, 헨리가 승리를 거머쥐었습니다. 이렇게 30여년에 걸친 장미 전쟁이 종결되고, 동시에 요크 왕조는 막을 내립니다. 전투에서 승리하고 두 달 후, 헨리는 웨스트민스터 사원에서 대관식을 열고 잉글랜드 왕 헨리 7세로 즉위하였습니다.

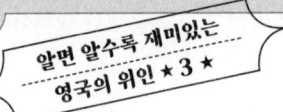

알면 알수록 재미있는 영국의 위인 ★ 3 ★

스코틀랜드 역사에 이름을 새긴 영웅, 윌리엄 월리스

스코틀랜드 해방의 원동력이 되다

당시 잉글랜드 왕 에드워드 1세는 브리튼섬의 통일을 목표로, 스코틀랜드의 왕위 계승에 개입하였습니다. 스코틀랜드가 복종하는 것을 원했던 에드워드 1세는 스코틀랜드에 터무니없는 요구를 하게 됩니다.

이 상황에서 나선 인물이 월리스입니다. 스코틀랜드군에 참가하여 잉글랜드군과 싸워, 스코틀랜드군을 승리로 이끌었습니다. 그 결과 월리스는 기사로 책봉됩니다. 그러나 에드워드 1세가 직접 군대를 이끌고 침공해 오면서 형세가 역전되고 결국 스코틀랜드는 잉글랜드에 제압당합니다.

결국 월리스는 잉글랜드 측에 붙잡혀 처형당하지만, 그의 애국심은 스코틀랜드인의 마음을 사로잡아 훗날 스코틀랜드 해방의 원동력이 됩니다. 오늘날 월리스는 스코틀랜드의 독립과 자유를 상징하는 영웅으로 기억되고 있습니다.

Chapter 4

절대왕정과 그에 반대하는 움직임

032 붉은 장미와 흰 장미가 하나로

왕위에 오른 헨리 7세에게는 왕위의 정통성을 높이는 것이 일생의 과제였습니다. 왜냐하면 자신보다도 왕위를 계승하기에 더 적합한 혈통의 인물들이 많았기 때문입니다. 헨리 7세는 즉위 후 얼마 지나지 않아 요크 왕조의 마지막 왕 리처드 3세의 조카인 엘리자베스와 결혼합니다. 요크 가문의 엘리자베스와 랭커스터 가문의 헨리 7세의 결혼은 양가의 화해를 상징하는 사건이었습니다. 이때 요크 가문의 흰 장미와 랭커스터 가문의 붉은 장미를 조합한 '튜더 로즈'는 튜더 왕조의 문장이 되었으며, 오늘날 잉글랜드 국장에도 그려져 있습니다.

헨리 7세와 왕비 엘리자베스 사이에 첫 아이가 태어나자, 이름을 '아서'라고 짓고 '웨일스 공'이라고 칭했습니다. 아서라는 이름은 튜더 가문이 예로부터 브리튼인이 살던 웨일스에서 번성했고, 그 가문에서 태어난 아이가 아서왕 전설의 연고지인 윈체스터에서 탄생한 것을 아서왕 전설에 연관 지어 이미지 전략으로 삼은 것이라고 합니다.

헨리 7세와 엘리자베스의 결혼으로 홍백의 장미가 하나가 되었다는 말이 있었지만, 요크 가문이 더 정통한 왕위 계승자라며 헨리 7세를 끌어내리려는 귀족들이 여러 차례 반발을 일으켰습니다. 헨리 7세는 그러한 귀족의 세력을 꺾고 왕권 강화를 도모합니다. 그 방법 중 하나가 웨스트민스터 궁전의 '별의 방'에 설치한 '성실재판소'입니다. 이 법원은 국왕 대권(군주가 독점할 권리) 하에서 재판이 진행됨에 따라 국왕의 뜻에 따르지 않는 귀족이나 제멋대로 구는 귀족을 신속하게 처벌할 수 있었습니다. 성실재판소를 이용해 군주가 막강한 권력을 바탕으로 정치를 할 수 있는 기반이 마련된 것입니다.

033 살아남기 위한 결혼 외교

왕권이 점차 안정되어 가는 한편, 많은 귀족이 장미 전쟁의 혼란으로 힘이 약해지거나 가계가 단절되어 영지를 잃게 되었으며 그 영지는 국왕의 소유가 되었습니다. 헨리 7세는 영지의 경영을 철저하게 감시하여 착실히 수입을 늘려 나갑니다. 또한 외국과 통상 조약을 맺거나 특정 상인을 보호하여 해외 시장에서의 경쟁력 향상을 촉구하는 등 무역 진흥책을 펼치며 관세 수입을 늘렸습니다. 이러한 재정 정책으로 헨리 7세의 치세 말기에는 즉위 당시에 비해 수입을 3배로 늘리는 데 성공합니다.

또한 헨리 7세는 내정의 안정화를 도모하는 동시에 재정 압박의 원인인 전쟁을 회피하기 위해 다른 나라와 평화를 중시한 외교 방침을 취합니다. 그동안 좋은 관계를 구축하지 못했던 스코틀랜드와는, 딸 마거릿을 스코틀랜드 왕 제임스 4세와 결혼시킴으로써 평화를 도모하고자 했습니다.

지금은 선진국인 영국이지만, 당시 잉글랜드는 유럽에서 소국이었으며 강대국인 프랑스 왕국과 스페인 왕국에 대한 대책이 필요했습니다. 그래서 헨리 7세는 스페인과의 동맹을 도모합니다. 왜냐하면 여전히 스코틀랜드는 프랑스와 가까이 지내고 있었기에, 잉글랜드의 헨리 7세는 스페인과 손을 잡고 스코틀랜드를 견제하려는 의도였습니다.

1501년 헨리 7세는 장남 아서와 스페인 공주인 아라곤의 캐서린과 혼인을 맺게 하여 평화 관계를 구축하였습니다. 그런데 이듬해에 아서가 젊은 나이로 갑작스럽게 세상을 떠납니다. 헨리 7세는 스페인과 우호 관계를 유지하기 위해 이번에는 둘째 아들 헨리와 결혼시키려고 하지만, 형수와의 혼인은 성서의 가르침에 어긋나기 때문에 당시 교황의 허락을 받아 결혼에 이르게 되었습니다.

이 결혼이 잉글랜드의 운명을 크게 바꾸게 되는데, 헨리 7세는 그 변혁을 보지 못하고 1509년에 사망합니다. 헨리 7세가 남긴 정치 기반을 바탕으로, 이후 왕위를 이어받은 자녀들은 막강한 권력을 휘두르며 정치를 행하게 됩니다.

034 호화로운 궁전 생활, 화이트홀

헨리 7세의 죽음으로 둘째 아들 헨리가 헨리 8세로 즉위하였습니다. 헨리 8세는 화려하고 위엄 있는 왕의 모습을 지향하였습니다. 헨리 8세는 즉위 후 곧바로 해군을 증강하여, 프랑스와 스페인을 중심으로 벌어진 대륙 전투에 적극적으로 관여합니다. 그러나 불어난 전쟁 비용에 비해 훌륭한 전쟁 성과는 올리지 못했습니다.

게다가 화재가 발생한 웨스트민스터 궁전 대신, 헨리 8세는 기존의 다른 궁전을 확장하여 '화이트홀'이라는 새로운 궁전에서의 호화로운 생활을 국민들에게 보여 줍니다. 이렇게 지출을 거듭한 결과, 국고가 바닥이 나게 되어 이후 다시 재원을 확보하기 위해 분주해집니다.

또한 오늘날 궁전으로 사용하지 않게 된 웨스트민스터 궁전에서는 의회가 열리게 됩니다. 그리고 화이트홀 부근에 여러 개의 청사가 세워졌습니다. 오늘날 화이트홀은 영국의 정치의 중심지를 가리키는 말이 되었습니다.

035 운명을 바꾼 형수와의 결혼

1520년대에 들어서면 잉글랜드는 후계자 문제로 고민에 빠집니다. 헨리 8세와 왕비 캐서린의 부부 사이는 나쁘지 않았지만, 아들이 생기지 않았습니다. 유일하게 여자인 메리를 낳았으나, 그렇지 않아도 정통성이 희박한 튜더 왕조에 전례 없는 여왕을 세우는 것은 왕위 계승을 둘러싼 갈등을 초래할 수 있었습니다.

아들을 간절하게 바란 헨리 8세는 캐서린과의 이혼을 생각합니다. 헨리 8세가 새로운 아내로 선택한 사람은 캐서린의 시녀 앤 불린이었습니다. 마흔을 눈앞에 두고 출산 적령기를 지난 캐서린을 대신해, 헨리 8세는 10대의 젊고 아름다운 앤에게 대를 이을 후계자를 기대했던 것입니다.

다만 여기에는 큰 문제가 있었습니다. 가톨릭에서는 이혼이 허용되지 않았던 것입니다. 그래서 캐서린과의 결혼을 무효로 하자는 안이 제기되었습니다. 교황에게, 형수와의 결혼은 애초에 성립하지 않았었다고 인정받으려고 한 것입니다.

이러한 왕이나 유력자의 혼인 관계 해소는 당시에 드문 일이 아니었습니다. 게다가 독실한 가톨릭교도였던 헨리 8세는, 가톨릭교회를 비판하며 '종교개혁'을 일으킨 신학자 마르틴 루터를 비난하여 교황으로부터 '신앙의 수호자'라는 칭호를 받기도 했습니다. 그래서 헨리 8세는 바로 캐서린과의 혼인 관계가 취소되리라고 생각했습니다.

그런데 공교롭게도 당시 교황이 있던 로마는 신성 로마 제국군의 지배를 받고 있었고, 교황은 신성 로마 제국 황제 카를 5세의 포로로 잡혀 있었습니다. 이 카를 5세는 카를로스 1세로서 스페인 왕도 겸하고 있었는데, 다시 말해 그는 캐서린의 조카였던 것입니다. 후사를 남기지 못한다는 이유로 숙모가 의절당하는 것을 조카가 허락할 리가 없었습니다. 카를 5세를 자극하고 만 헨리 8세의 요구를, 교황은 인정하지 않았습니다.

036 잉글랜드 종교개혁과 성공회 성립

로마 교황으로부터 이혼을 허락받지 못한 헨리 8세는 1529년 타개책으로 의회를 소집합니다. 이 의회는 간헐적이었지만, 1536년까지 이어져 로마 가톨릭으로부터의 이반을 위해 다양한 법이 제정되었기에 '종교개혁 의회'라고 불립니다.

1532년 헨리 8세는 성직자가 교황청에 금전을 납부하는 것을 금지하였습니다. 이는 교황이 혼인 관계 해소를 인정하도록 하기 위한 협박이었으나, 효과는 없었습니다. 그리고 2년 후 금전 납부가 정식으로 금지되었습니다.

교황과 기싸움을 하는 사이에서 앤이 아이를 갖습니다. 태어날 남자아이를 후계자로 삼기 위해서는 한시라도 빨리 앤을 왕비로 올려야 했기에, 1533년 '상고금지법(상소금지법)'을 제정합니다.

이 상고금지법에서는 잉글랜드가 독립된 국가이며 결혼이나 이혼 등 교회가 관계하는 문제에 대해 국왕이 최종 결정권을 갖는다고 규정합니다. 다시 말해 국왕인 헨리 8세의 뜻에 따라 혼인 관계가 무효가 되었다고 해도, 캐서린은 교황에게 호소하여 재판받을 수 없게 된 것입니다.

그 결과 잉글랜드 교회의 최고 위치에 있었던 캔터베리 대사교(훗날의 대주교)의 토머스 크랜머가 캐서린과의 결혼은 무효이며 앤과의 결혼은 합법이라는 것을 인정하였습니다. 이에 분노한 교황은 헨리 8세를 파문하지만, 그래도 헨리 8세의 마음은 변하지 않았습니다.

1534년에는 '국왕지상법'을 제정하여, 잉글랜드 교회는 국왕을 최고 수장으로 삼는다고 규정하였습니다. 이렇게 오늘날까지 이어지는 '잉글랜드 성공회(영국 국교회)'가 성립하게 되었습니다.

가톨릭교회와 잉글랜드 성공회의 조직도

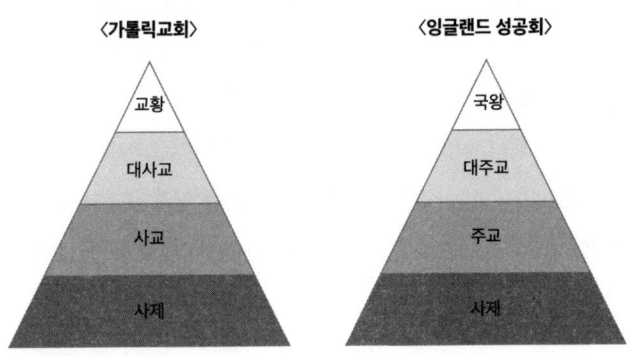

종교개혁에 의한 변화

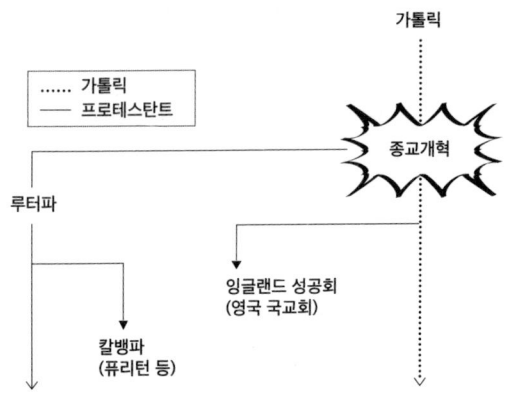

037 정치와 종교가 얽힌 종교개혁

잉글랜드의 종교개혁은 다른 지역에서 일어난 종교개혁과는 조금 다릅니다. 당시 가톨릭교회는 돈벌이를 위해 면죄부(죄가 용서되었다는 증명서)를 판매하고 있었습니다. 이에 루터는 인간이 신에게 구제받을 수 있을지의 여부는 면죄부 구매나 교회 헌금 등으로 결정되는 것이 아닌 신앙에 의해서만 결정된다며 로마 가톨릭의 면죄부를 비판했습니다.

또한 스위스에서 종교개혁을 일으킨 칼뱅은 이미 신에 의해 구제받을 인간이 정해져 있다는 '예정설'을 주장했습니다. 예정설에서 직업은 신이 인간에게 부여한 것이며 성실하게 일하여 재산을 축적하는 것이 구제로 이어진다고 여겼기에, 도시에서 상공업에 종사하는 시민 계층에게 받아들여졌습니다. 칼뱅주의는 이후 자본주의 사회의 정신적 기반이 되기도 합니다.

이들의 이러한 개혁으로 새로운 교파인 '프로테스탄트(개신교)'가 탄생하였습니다. 종교개혁의 중심이었던 루터나 칼뱅은 모두 로마 가톨릭이 제시하는 교의에 반발한 사상적인 개혁이었지만, 잉글랜드의 종교개혁은 후계자 문제에서 비롯된 정치적인 개혁이었습니다. 그래서 헨리 8세가 잉글랜드 성공회를 설립한 단계에서는 교의나 의식 등이 가톨릭과 거의 다르지 않았습니다.

또한 헨리 8세 시대에는 성경이 영어로 번역되어 백성들도 읽을 수 있게 됩니다. 1611년 잉글랜드 국왕이 공인한 영어 번역 성경인 《킹 제임스 성경》이 출간되었습니다.

038 수도원 해산과 왕실의 재정난

잉글랜드 성공회를 설립한 헨리 8세는 수도원을 해산시킵니다. 파탄이 난 왕실의 재정을 재건하기 위해 수도원이 가진 막대한 재산으로 눈을 돌린 것입니다. 1536년 '소규모 수도원 해산법', 1539년 '대규모 수도원 해산법'에 의해 모든 수도원이 해산되었으며, 그들이 소유하고 있던 토지나 재산은 국왕에게 넘어갔습니다.

그러나 이 새로운 재산도 곧바로 재정난으로 매각되기 시작하면서, 헨리 8세의 치세에 3분의 2 정도가 젠트리(자세한 내용은 103페이지 참조) 등 민간의 손에 넘어갑니다. 그 원인은 프랑스와의 전쟁이었습니다.

헨리 7세의 혼인을 통한 외교 정책으로 스코틀랜드와의 관계는 일시적으로 개선되었습니다. 그러나 원래 스코틀랜드는 프랑스와 강력한 동맹 관계에 있었기에, 프랑스와 스코틀랜드가 남북에서 잉글랜드를 협공할 것이라는 우려가 있었습니다.

아버지와 마찬가지로 헨리 8세 역시 혼인 정책을 통해 스코틀랜드와 우호 관계를 구축하고자 했지만, 스코틀랜드 측에서 받아들여지지 않아 결국 프랑스와 싸우게 됩니다. 결과적으로 잉글랜드는 프랑스 불로뉴를 점령하는 데 그치며, 막대한 전쟁 비용이 재정을 압박하였습니다.

039   양이 사람을 잡아먹는다?

 헨리 8세가 전쟁 비용을 마련하기 위해 매각한 토지의 대부분은 젠트리가 매입하였습니다. 젠트리는 토지를 소유하며 새롭게 힘을 갖기 시작한 지주였습니다. 젠트리는 획득한 토지를 양의 목장으로 만들었는데, 이는 잉글랜드 모직물의 발전을 한층 더 촉진하여, 젠트리의 경제적 버팀목이 되어주었습니다.

 헨리 8세는 만성적인 재정난에 대한 대응책으로 화폐의 개주를 시행하였습니다. 개주란 시중에 유통되는 화폐를 모아 거기에 함유되어 있는 금과 은의 비중을 줄여 새로 만든 화폐를 시장에 유통하는 것입니다. 당시에는 금과 은의 공급이 제한적이었기 때문에, 화폐 생산량을 늘리기 위해서는 기존의 화폐에 있던 금과 은의 비중을 줄여야 했습니다. 그로 인해 화폐의 양은 늘어났지만, 많은 양의 화폐가 유통되면서 화폐의 가치는 떨어지고 말았습니다. 그러자 다른 나라들이 잉글랜드 제품을 저렴하게 살 수 있게 되면서 잉글랜드의 수출은 증가하게 됩니다.

 잉글랜드의 수출품은 원모(모직물의 원료)나 모직물 제품이 중심이었으며, 젠트리는 증가한 그들의 수요에 대응하기 위해 농민들의 밭이나 공유지를 거두어, 돌이나 울타리로 두르고 양의 목장으로 만들었습니다. 이것을 '제1차 인클로저'라고 부릅니다. 이로 인해 농지와 일자리를 빼앗긴 농민들은 마을을 떠날 수밖에 없었으며, 생활이 어려운 사람들과 부랑자들이 늘어났습니다.

 이런 사회 상황을 우려한 법률가 토머스 모어는 저서 《유토피아〉에서 "양이 사람을 잡아먹는다."라고 표현하며 비판했습니다. 토머스 모어는 헨리 8세를 섬기며 법률가로서 최고의 지위인 대법관의 자리에 있었지만, 가톨릭교회로부터 이반하려는 헨리 8세에 반대하며 국왕지상법이 성립된 후에는 대법관을 사임합니다. 이 사임이 반역죄에 해당한다고 하여 결국 1535년 7월 헨리 8세에 의해 처형되었습니다.

040 헨리 8세의 영토 통합 정책

헨리 8세의 치세에는 주변 국가들의 관계에도 변화가 있었습니다. 1536년에 '합동법'이 성립되면서 웨일스가 잉글랜드에 합병됩니다. 이에 따라 잉글랜드의 법률이 웨일스에서도 시행되는 등 통치 구조가 바뀌었습니다. 그러나 형식적으로는 하나의 나라가 되었어도 웨일스의 독자적인 문화는 사라지지 않고 남아 있어, 잉글랜드로부터 독립하려는 움직임은 오늘날에도 존재하고 있습니다.

아일랜드는 이전부터 잉글랜드 왕의 지배하에 있었습니다(자세한 내용은 66페이지 참조). 그러나 종교개혁을 계기로 교황과 잉글랜드 왕의 관계가 틀어지자, 1541년 아일랜드 의회에서는 아일랜드 국가로서의 독립과 헨리 8세가 아일랜드의 왕이 되는 것을 결의하였습니다. 이에 따라 잉글랜드와 아일랜드는 한 군주가 여러 국가의 왕을 겸하는 '동군연합'의 형태를 취하게 됩니다.

하지만 헨리 8세가 아일랜드에서도 잉글랜드처럼 중앙집권화를 추진하고자 했으나, 지방의 유력 제후들이 독립심이 강하고 예로부터 가톨릭 신앙이 뿌리 깊었기에 아일랜드를 완전히 지배하에 두지는 못했습니다.

헨리 8세 시대의 동군연합

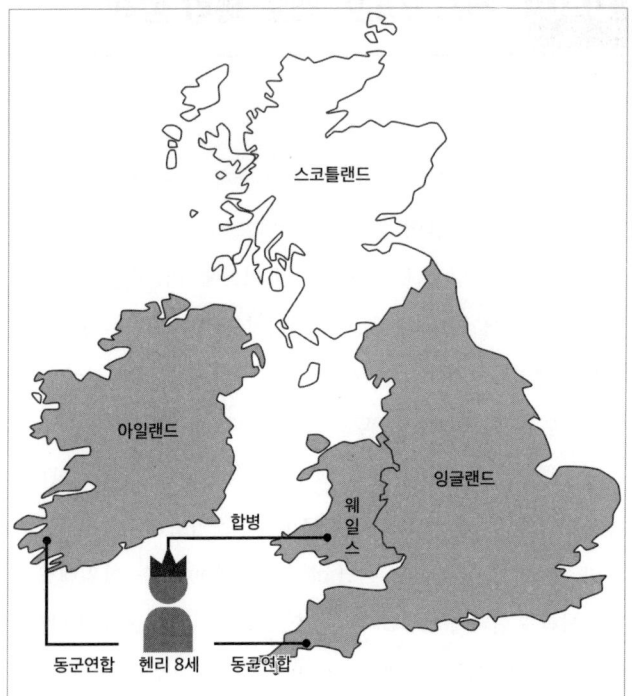

041 손꼽아 기다렸던 왕자

새 아내 앤 불린이 낳은 아이는 여자아이로, 엘리자베스라는 이름이 붙여졌습니다. 원하던 남자아이가 아니었기에 헨리 8세는 밀통했다는 죄를 뒤집어씌워 앤을 처형하고, 새로운 궁정 신하인 제인 시모어와 결혼했습니다. 제인은 헨리 8세가 기다리고 기다리던 아들 에드워드를 안겨 줍니다. 그 후에도 헨리 8세는 재혼을 거듭하여 6명의 아내를 얻지만, 남자아이는 에드워드뿐이었습니다.

그 에드워드는 헨리 8세가 사망하고 난 후, 1547년 9세의 나이에 에드워드 6세로 즉위했습니다. 종교개혁의 영향은 에드워드 6세의 시대에도 계속됩니다. 가톨릭적 요소가 많이 남아 있는 잉글랜드 성공회를 유지하려는 보수파와, 더욱 프로테스탄트화하려는 개혁 추진파의 공방이 벌어진 것입니다.

헨리 8세의 주요 아내와 자녀들

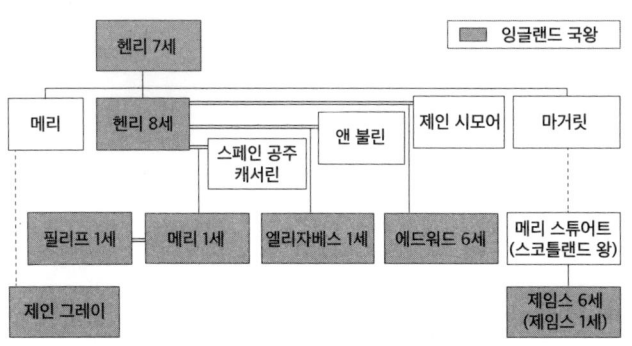

프로테스탄트(신교도)로서의 교육을 받고 자란 에드워드 6세의 시대에는, 잉글랜드 성공회의 프로테스탄트화가 진행됩니다. 국왕이 어렸기 때문에, 실제로 개혁을 추진한 것은 섭정으로 실권을 쥔 큰아버지 서머싯 공작을 중심으로 하는 세력이었습니다.

'예배통일법'과 '성공회 공동 기도서'에 의해 라틴어 대신 영어로 예배를 드리게 되면서 프로테스탄트의 예배 양식으로 통일됩니다. 그러나 민중의 신앙은 다양했기에, 프로테스탄트화에 강하게 반대하는 사람들 가운데 일부는 반란을 일으키기도 했습니다. 병약했던 에드워드 6세는 즉위 후 6년 만에 세상을 떠납니다. 그리고 헨리 8세와 첫 번째 아내 캐서린의 딸 메리가 후계자가 됩니다.

042 딜레마에 빠진 피의 메리

 헨리 8세가 말년에 제정한 '왕위계승법'에는 에드워드, 메리, 엘리자베스 순으로 왕위를 잇도록 규정되어 있었는데, 헨리 7세의 증손자인 제인 그레이가 추대되어 즉위합니다. 그러나 불과 9일 만에 폐위되었으며, 그 후 처형당했습니다. 1553년 왕위계승법에 따라 이번에는 메리가 잉글랜드의 여왕 메리 1세가 되었습니다.

 스페인의 공주였던 어머니 캐서린은 가톨릭교도였는데, 그 영향으로 메리 1세도 독실한 가톨릭교도였습니다. 그래서 즉위하자마자 가톨릭의 권위 회복을 위해 행동을 개시합니다. 즉위한 해에 에드워드 6세 시대에 제정된 예배통일법 등의 폐지가 의회에서 결정되었습니다. 이듬해에는 국왕지상법과 같은 헨리 8세 시대의 법도 폐지합니다.

 이렇게 메리 1세는 가톨릭으로의 회귀를 착착 진행해 나갔지만, 해산된 수도원은 부활하지 못했고 국고에 흡수된 교회 재산도 반환되지 않았습니다. 수도원의 해체로 토지를 획득하고 이익을 얻고 있던 젠트리로 의회가 구성되어 있었기에, 메리 1세의 희망이 받아들여지지 않았던 것입니다. 또한 메리 1세는 수도원이었던 영지를 매각하지 않으면 국가 재정을 꾸려나갈 수 없는 상태였고, 가톨릭교도로서의 이상과 여왕으로서의 국가 운영의 현실이라는 모순을 안고 있었습니다.

 가톨릭교도인 메리 1세가 즉위한다고 알려진 시점에 민중들도 종교개혁이 역행할 것이라는 사실을 예상했습니다. 국내에 남아 있는 가톨릭교도들은 메리 1세의 즉위를 기뻐하였으며, 반대로 박해를 우려해 국외로 망명하는 프로테스탄트도 있었습니다.

가톨릭 신앙을 받아들이지도 않고, 그렇다고 망명하지도 않고, 프로테스탄트 신앙을 버리지도 않았던 사람들은 이단의 죄로 화형에 처하는 등 가혹한 탄압을 받았는데, 그 수는 무려 300여 명에 달했습니다. 이러한 엄격한 가톨릭 정책을 단행한 메리 1세에게는 '피의 메리Bloody Mary'라는 호칭이 남게 되었습니다.

043 메리 1세의 비극적 결혼

　가톨릭의 부활 외에, 메리 1세는 결혼하여 후계자를 남기는 데 힘을 쏟았습니다. 자녀가 없으면 다음 왕위는 프로테스탄트인 여동생 엘리자베스가 계승하게 되어, 공들여 진행해 왔던 가톨릭 정책이 물거품이 되어버릴 수 있었기 때문입니다.

　메리 1세가 남편으로 선택한 사람은 어머니의 출신국인 스페인의 왕태자 펠리페였습니다. 잉글랜드 국내에서는 이 결혼으로 미래에 잉글랜드의 왕위가 스페인에 빼앗길 것을 우려해 반대하는 목소리도 있었습니다.

　한편 스페인 측에서는 대립하고 있는 프랑스와 일어날 수 있는 전쟁에 대비해 잉글랜드와 손을 잡고 싶은 의도가 있었기에, 메리 1세와 펠리페의 결혼은 성사됩니다. 동시에 잉글랜드 왕위가 스페인에 빼앗기지 않도록, 메리 1세가 살아 있고 부부로 있는 동안에만 펠리페의 잉글랜드 왕위(필립 1세)를 인정하기로 의회에서 결정되었습니다.

　하지만 이 결혼은 잉글랜드에 이익이 되지는 않았습니다. 결혼 후 필립 1세는 스페인 국왕 펠리페 2세로 즉위하여 프랑스와의 전쟁을 시작합니다. 펠리페 2세의 요청으로 전쟁에 가담하게 된 잉글랜드는, 결국 대륙에 남은 마지막 영지인 칼레를 잃었습니다. 게다가 스페인 왕으로서 바빴던 필립 1세는 잉글랜드에 머무는 기간이 짧았고, 결국 메리 1세는 아이를 갖지 못한 채 1558년 병으로 쓰러져 5년이라는 짧은 치세를 마쳤습니다.

044 잉글랜드 성공회의 재출발

메리 1세의 사망 이후, 1558년 이복 여동생인 엘리자베스가 25세의 나이에 엘리자베스 1세로 즉위하면서 45년에 걸친 치세가 시작됩니다. 메리 1세와 마찬가지로, 엘리자베스 1세의 시대에도 국내의 혼란스러운 종교 문제와 후계자 문제가 큰 과제였습니다. 엘리자베스 1세는 프로테스탄트였지만, 메리 1세처럼 이상을 향해 돌진하는 열정가가 아니라 나라를 하나로 묶고 풍요롭게 만들기 위한 방법을 모색하는 현실주의자였습니다.

엘리자베스 1세는 즉위한 이듬해에 국왕지상법과 예배통일법을 부활시키는데, 헨리 8세와 에드워드 6세 시대에 비해 가톨릭교도에 대한 배려가 보였습니다. 예를 들어 국왕을 '잉글랜드 교회의 지상 수장'으로 규정했던 헨리 8세와 달리, 엘리자베스 1세는 '지상의 통치자'로 수정하였습니다. 국왕은 세속의 권력자이며, 교회의 권력으로부터 한 발짝 물러서는 형태를 취함으로써 많은 민중의 지지를 얻고자 했던 것입니다.

예배의 규정 양식 역시 에드워드 6세부터 시작한 형식을 취하면서도, 가톨릭적 요소인 '주교제도'를 남기며 종교적 관용을 보여 주었습니다. 주교제도란 국왕을 교회의 수장으로 두고, 그 아래에 두 개의 대주교구를 두며, 대주교 아래에 주교를 두어 각 교회를 통제하는 제도입니다.

1563년에는 '39개 신조'를 정하여, 잉글랜드 성공회의 신앙 내용을 정리하였습니다. 엄격한 규정을 피하고 가톨릭교도들도 받아들이기 쉬운 내용으로 하였습니다. 엘리자베스 1세는 일단 최대한 많은 국민을 국교회에 끌어들이는 것을 목표로 한 것입니다. 개정된 국왕지상법, 예배통일법, 39개 신조가 엘리자베스 1세의 종교정책의 기둥이 되었으며 동시에 잉글랜드 성공회를 확립하는 계기가 되었습니다.

045 반항하는 두 개의 종교 파벌

엘리자베스 1세의 중도적인 종교 정책은 더 엄격한 프로테스탄트의 교의를 요구하는 사람들과 가톨릭 부활을 바라는 사람들에게는 어딘가 아쉬움을 남기는 정책이었습니다. 그래서 불만을 가진 사람들이 반란이 일으킬지도 모른다는 불안감이 있었습니다. 체제의 안정을 중시했던 엘리자베스 1세는 즉위 초기에는 이들과의 갈등을 피했지만 치세 후반에 이르러서는 탄압에 힘을 쏟으며 처형이라는 수단까지 취하게 됩니다.

엘리자베스 1세의 종교 정책에 반대하는 종교 파벌은 크게 두 개가 있었습니다. 하나는 잉글랜드 성공회를 더욱 프로테스탄트화하려고 했던 칼뱅파 사람들로, '퓨리턴^{Puritan}(청교도)'이라고 부릅니다. 이 호칭은 엄격한 교의를 추구하는 칼뱅파 사람들에 대해 순수^{pure}하다며 부정적으로 표현한 것에서 유래하였습니다. 퓨리턴은 국내의 불안 요소 중 하나였으며 훗날 청교도 혁명을 일으키게 됩니다.

또 하나의 파벌은 가톨릭교도입니다. 가톨릭 신앙이 뿌리 깊은 잉글랜드 북부 지역은 왕권의 지배가 침투하지 않아, 오래된 대귀족이 실권을 쥐고 있었습니다. 프로테스탄트인 엘리자베스 1세를 끌어내릴 기회를 노리던 대귀족들에게 계기를 부여한 것이 스코틀랜드 여왕인 메리 스튜어트입니다.

헨리 7세의 결혼 정책으로 스코틀랜드로 시집간 마거릿의 손녀인 메리는 스코틀랜드 내부의 스캔들로 인해 왕위에서 쫓겨나,

1568년 잉글랜드로 도피하였습니다. 메리는 가톨릭교도인데다가 심지어 잉글랜드의 왕위 계승권을 주장할 수 있는 혈통이었기에, 1569년 일부 대귀족이 메리를 등에 업고 엘리자베스 1세에 대해 반란을 일으킵니다. 그러나 반란은 실패로 돌아갔고, 반대로 북부 지역에 왕권이 미치게 되었습니다. 이후 잉글랜드 국내의 가톨릭교도들은 탄압받으며 간신히 신앙을 이어나갑니다.

046 해적왕과 여왕이 무찌른 무적함대

국내 종교 문제를 차근차근 해결해 나간 엘리자베스 1세는 외교에서도 성공을 거두었습니다. 즉위 후 곧바로 카토-캉브레지 조약을 맺으며 프랑스와의 전쟁을 종결시킵니다. 또한 스코틀랜드에서 프랑스의 지배에 대한 프로테스탄트 귀족의 반발이 일어나자, 이를 지원하여 스코틀랜드에서 프랑스군을 철수시켰습니다. 이후 프랑스는 종교 전쟁인 위그노 전쟁이 발생해 국내가 혼란에 빠져 점차 세력이 약해집니다.

프랑스와 마찬가지로, 스페인 역시 네덜란드 공화국(네덜란드)의 독립운동에 대한 대응 등으로 혼란스러웠습니다. 유럽의 두 강대국인 프랑스와 스페인이 국외 침략 정책을 추진할 수 있는 시기가 아니었기에, 엘리자베스 1세에게는 즉위 후 차분하게 기반을 다질 수 있는 행운의 상황이었습니다.

그 후 잉글랜드와 스페인의 관계는 악화합니다. 네덜란드 공화국의 독립을 둘러싼 대립이나, 스페인의 펠리페 2세가 지원하고 있던 메리 스튜어트를 엘리자베스 1세가 처형한 것, 해적 프랜시스 드레이크 등의 사략선이 스페인의 무역선을 자주 습격한 것 등이 원인이었습니다.

사략선은 잉글랜드 국왕에게 자격을 부여받아 합법적으로 약탈하는 해적선을 말하는데, 국가로부터 허가를 받은 해적들은 스페인으로부터 약탈한 뒤 그 이익의 일부를 국왕 엘리자베스 1세에게 전달했습니다. 보기에 따라서는 엘리자베스 1세가 스페인 선박의 약탈을 명령하는 것처럼 되어, 스페인으로서는 용서할 수 없었고 결국 도버 해협에서 잉글랜드와 스페인의 해전이 일어납니다.

드레이크는 잉글랜드 함대의 부사령관이 되었습니다. 해적선을 많이 보유한 잉글랜드는 당시 스페인의 압도적인 해군력의 상징인 무적함대를 격파하여, 엘리자베스 1세의 치세에 꽃을 피웠습니다.

스페인의 재습격에 대비해 방위비를 늘려 재정이 악화되었지만, 이 해전의 승리는 잉글랜드 국민을 정신적으로 지탱하는 신화가 되었습니다. 무적함대를 이겼다는 자신감이, 이후 잉글랜드가 해양 제국으로 성장해 나가는 정신적인 기반이 된 것입니다.

047 절대왕정의 황금시대

스페인에 대한 방위를 포함해, 잉글랜드는 상비군을 배치하지 않고 필요에 따라 민병과 용병을 소집하였습니다. 이는 동일하게 절대왕정이었던 다른 유럽 국가들과는 구분되는 특징입니다.

절대왕정이란 국왕이 절대적 권한을 갖는 정치 체제를 말합니다. 하지만 대부분 중세의 봉건 국가에서는 하나의 정치권력이 나라를 통치하지 않았습니다. 국가의 영지가 명확하게 구분되어 있지 않고 제후가 본인의 영지를 다스렸던 봉건 사회에서는 '국가'로서의 통합이 약했던 것입니다. 그러한 봉건 사회에서, 국가로서 명확하게 영지가 구분되고 국왕만이 권력을 가지고 운영하는 주권

잉글랜드의 절대왕정

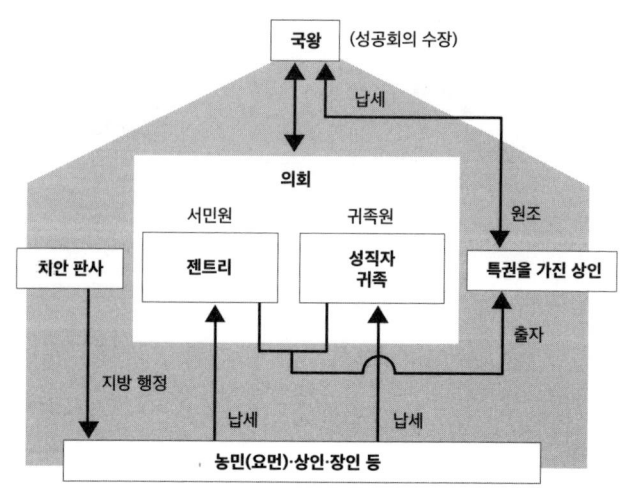

국가로 발전해 나갔습니다. 그 이유 중 하나는 전쟁에 대한 대응이었습니다. 징세나 징병을 시행하고 상비군을 조직하여 대규모 전쟁에 국가적으로 대응할 필요가 있었습니다.

그런데 엘리자베스 1세가 통치하는 잉글랜드에서는 절대왕정에서 국왕의 수족이 되어야 할 상비군, 그리고 지방 행정을 담당하는 관료가 거의 없었습니다. 섬나라여서 육군의 필요성이 낮았기 때문에 상비군이 아닌 고용된 농민들이 전시에 모여 일시적인 전력이 되었습니다. 해군 역시 옛날부터 있던 해적을 이용하는 편이 효율적이어서 상비군이라고 부를 수 있을 만한 규모의 군대가 필요하지 않았습니다. 상비군이 없어도 잉글랜드의 군사력은 충분했던 것입니다.

지방 행정에 대해서도 관료가 아닌 지방 실세인 젠트리를 등용했습니다. 젠트리 중에 치안판사를 임명하여 각 지역을 통치하게 합니다. 치안판사는 무보수였지만, 국왕의 권위를 바탕으로 행정과 재판 등을 실시했습니다.

그리고 중앙 정치는 엘리자베스 1세를 정점으로 하여 이루어졌습니다. 여왕이 특정 개인이나 단체에 귀족 칭호나 관직, 토지 등 다양한 명예와 권리를 부여함으로써, 여왕에 대한 구심력과 충성심을 높였습니다. 후원을 적절하게 조절하고 배분하여 궁정 내 유력 인사와 파벌의 균형을 맞추고 권력이 집중되지 않도록 관리한 것입니다. 엘리자베스 1세의 치세는 절대왕정의 전성기이자 황금시대라고도 불렸습니다.

048 경제 무기가 된 동인도 회사

엘리자베스 1세가 부여한 특권 중 하나로 전매특허가 있었습니다. 전매특허를 받은 단체는 국가의 보호 아래 매우 유리한 조건으로 무역과 장사를 할 수 있었습니다. 전매는 경쟁하는 조직이나 단체가 없이 독점권을 가지고 상품의 가치나 가격을 자유롭게 설정하여 판매하는 것을 말합니다. 다른 곳에서는 팔지 않기에 비록 비싸더라도 수요가 있으면 거래가 됩니다.

엘리자베스 1세는 세계 최초로 무역에서 전매특허를 가진 최초의 주식회사 '동인도 회사'를 설립합니다. 동인도는 오늘날의 인도와 동남아시아 지역을 말합니다. 후추 등의 향신료와 같은 유럽에는 없는 상품을 들여와 판매하여 이익을 냈습니다.

저렴한 가격에 물건을 사들여 비싼 가격에 판매해 무역 차액으로 자본을 축적한다는 '무역 차액 주의'는 잉글랜드뿐만 아니라 절대왕정에서 자주 취한 '중상주의'라는 경제 정책 중 하나입니다. 중상주의란 국가가 적극적으로 자본의 흐름에 관여하고 상업과 수출 산업을 육성하여 무역 차액으로 자본을 축적하는 정책을 말합니다. 절대왕정에서는 국왕이 경제 활동에 개입하여 이익을 내고 이를 통해 다른 나라에 대항할 준비를 했습니다.

049 사회 복지의 첫걸음, 구빈법

엘리자베스 1세는 종교, 외교, 정치 측면에서는 충실한 성과를 올리고 있었지만, 국내 사회는 어둡고 침체되어 있었습니다. 네덜란드의 독립 전쟁으로 모직물 제품의 시장이 크게 몰락하여 잉글랜드의 경제가 정체됩니다. 국내에 실업자, 빈민, 부랑자가 나타나기 시작했습니다.

그에 대한 해결책으로 1601년에 '구빈법'을 제정하여, 잉글랜드 성공회의 말단 조직에 해당하는 교구마다 구빈세를 걷어서 실업자, 빈민, 부랑자 등을 감독하고 도왔습니다. 이 구빈법은 영국 사회보장제도의 시초이자 근대적 사회 복지의 시작이라고 할 수 있습니다.

불황을 극복하기 위해 모직물 이외의 새로운 산업을 일으키고, 시장을 개척하고, 앞서 언급한 동인도 회사와 같이 특허를 부여받은 회사가 설립된 것도 이러한 배경에서입니다. 그러나 많은 사회 문제는 엘리자베스 1세의 치세 동안 해결되지 못하고, 다음 국왕의 과제로 남게 됩니다.

050 튜더 왕조가 남긴 유산

엘리자베스 1세 말년의 큰 고민은 왕위 계승자를 누구로 할 것인가였습니다. 즉위 초부터 다른 나라의 왕족을 중심으로 결혼 상대 후보가 여럿 나타났지만, 결혼은 곧 동맹이자 외교의 중대한 수단이기 때문에 정치적으로나 종교적으로 다양한 의도가 뒤섞여 있었습니다. 하지만 엘리자베스는 결혼에 신중한 태도를 유지하며 평생 독신으로 지냈고, 때문에 후계자가 없는 상황이었습니다.

후계자를 여왕이 직접 지명하지도 않았으며 이 문제에 대해 논의하는 것도 금지되었습니다. 하지만 수면 아래에서는 엘리자베스 1세의 사후를 대비해 각자의 후보자를 지지하는 파벌 간의 다툼이 일어납니다. 가장 유력하게 거론되며 이후 잉글랜드 왕위를 이어받게 되는 인물이 헨리 7세의 손자의 손자이자 메리 스튜어트의 아들인 스코틀랜드 왕 제임스 6세입니다.

1603년 엘리자베스 1세가 사망하며 튜더 왕조의 시대가 끝나고, 새로운 왕조의 등장으로 잉글랜드의 또 다른 시대가 열립니다. 헨리 7세부터 시작된 튜더 왕조는 봉건 국가에서 절대왕정으로 이행하는 과정에 있었습니다. 국민의 지배층이 귀족에서 젠트리로 바뀌고, 종교개혁으로 교회가 중도의 길을 걷게 되면서, 사회 구조가 크게 변화하는 가운데 국왕의 절대 권력을 구축해 나갔습니다. 그 집대성이라고 할 수 있는 엘리자베스 1세의 시대는 잉글랜드의 황금기였으며, 오늘날까지 이어지는 영국 국교회나 이후의 해양 제국, 복지 국가로서의 시작점이기도 했습니다.

051 스튜어트 왕조의 시작

튜더 왕조의 피를 이어받은 스코틀랜드 왕 제임스 6세가 잉글랜드 왕 제임스 1세로 즉위하면서, 1603년 스코틀랜드와 잉글랜드의 '동군연합'이 성립됩니다. 잉글랜드 왕은 1541년부터 아일랜드의 왕도 겸하고 있었기에 제임스 1세는 스코틀랜드, 잉글랜드, 아일랜드 세 나라의 왕이 되었습니다.

스코틀랜드는 잉글랜드의 침공으로 종종 독립을 위협받으면서도 동맹국인 프랑스의 도움을 받으며 왕국을 유지해 왔습니다. 스

제임스 1세 시대의 동군연합

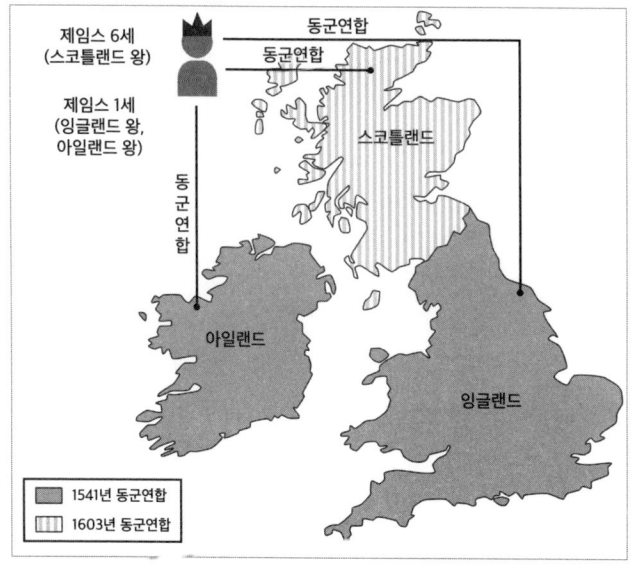

코틀랜드의 국왕이 된 로버트(로버트 2세)가 즉위 전 섭정을 하며 왕국을 다스리고 있을 때의 맡았던 직책 이름 '스튜어트Stuart'와 관련지어 이 왕조를 '스튜어트 왕조'라고 부르게 되었습니다. 스튜어트 왕조는 1714년까지 이어집니다.

제임스 6세(제임스 1세)의 어머니인 메리 스튜어트의 시절에는 종교개혁이 일어나, 국민 대다수가 칼뱅파를 믿게 되었습니다. 스코틀랜드의 칼뱅파는 '프레스비테리언Presbyterian' 혹은 '장로파'라고 불립니다.

052 외면당한 청교도, 신대륙 이주

　제임스 1세의 탄생에 잉글랜드 국내의 퓨리턴(청교도)들은 기대에 부풀어 있었습니다. 칼뱅파 국왕이 탄생하여 철저한 종교개혁이 이루어지리라고 생각했기 때문입니다. 그리고 즉위를 위해 런던으로 향하는 제임스 1세에게 '천인 청원$^{Millenary\ Petition}$'이라는 문서를 제출하고, 더 많은 개혁을 요구했습니다.

　이에 대해 이듬해 제임스 1세는 협의의 장을 마련해 대화를 나누었습니다. 그러나 이 햄프턴 코트 궁전 회의에서 제임스 1세는 퓨리턴의 요구를 물리치고 "주교 없이는 국왕도 없다."라고 선언하며 잉글랜드 성공회를 유지하겠다는 의사를 표명합니다.

　퓨리턴들 사이에 국왕을 환영하던 분위기가 싸늘하게 식고 말았습니다. 이후 제임스 1세의 탄압을 받은 퓨리턴들은 박해를 피해 북아메리카 대륙으로 건너가, 플리머스 식민지를 건설하게 됩니다. 그들을 '필그림 파더스(순례 시조)'라고 부릅니다.

　필그림 파더스가 북아메리카 대륙을 목표로 한 이유는 1607년 이미 식민지 건설에 성공한 버지니아 존재 때문이었습니다. 영국령 버지니아 식민지를 시작으로, 이후 1732년까지 13개의 영국 식민지가 북아메리카에 건설됩니다.

053 의회를 무시하는 왕권신수설

제임스 1세는 의회와도 대립합니다. 의회에서 다수를 차지한 젠트리는 지방의 실질적인 권력자로서 힘을 키우고 있어, 국왕의 정치에 빼놓을 수 없는 존재가 되었습니다. 그런데 제임스 1세는 '왕권신수설'을 근거로, 의회를 무시한 정책을 취하기 일쑤였습니다. 왕권신수설이란 왕권은 신이 내린 절대적인 것이므로 의회에 의해 제한되지 않는다는 의미입니다. 잉글랜드나 프랑스 등 절대왕정의 국가에서 체제를 유지하기 위해 이용되었습니다. 이는 국왕도 법의 지배를 받아야 한다는, 잉글랜드의 전통적인 '보통법Common Law'과 맞지 않아 의회와의 대립은 점점 깊어져만 갔습니다.

054 높아진 반가톨릭 의식

1605년 가톨릭교도들이 의회 지하실에 폭약을 설치하여 의원과 제임스 1세를 살해하려고 계획한 음모 사건이 발각됩니다. 주모자의 이름에서 따와 '가이 포크스 데이Guy Fawkes Day'라고 불리는데, 이는 가톨릭교도에 대한 강한 반발을 불러일으키는 사건이었습니다. 가톨릭교도에 대한 국민들의 반발은 더욱 거세졌습니다.

또한 1618년 독일에서 일어난 반란이 유럽 각국을 끌어들이는 '30년 전쟁'으로 발전합니다. 가톨릭과 프로테스탄트의 마지막 결전이자 종교 전쟁이기도 했던 이 전쟁에, 잉글랜드 국민들은 국가가 프로테스탄트의 편에 서서 참전하리라고 기대했습니다. 하지만 제임스 1세는 자금 지원이나 원군을 보내는 등 소극적인 지원에 그쳤으며, 재정적 어려움을 겪고 있어 국가 차원의 참전은 회피합니다. 이에 국민들 사이에서는 반가톨릭 의식이 더욱 높아졌으며, 국왕의 미온적인 태도에 비난이 집중되었습니다.

055 아버지를 뛰어넘는 전제 정치

1625년 제임스 1세가 사망하면서 아들 찰스가 찰스 1세로 즉위합니다. 찰스 1세도 아버지와 마찬가지로 왕권신수설을 근거로 의회를 무시하는 정치를 계속했습니다. 때문에 1628년 의회는 '권리 청원Petition of Rights'을 제출하여 국왕의 계속되는 전제 정치에 대응하고자 하였습니다.

찰스 1세는 처음에는 권리 청원을 승인하였으나, 이듬해 의회를 해산시켰으며 이후 11년 동안 의회를 열지 않고 전제 정치를 시행합니다. 재정난을 극복하기 위해 의회의 승인 없이 관세와 벌금을 인상하며 반발을 초래하였습니다. 더불어 가톨릭교도와 결혼하거나 가톨릭 방식의 예배 의식을 부활시키는 등 친가톨릭적인 행보를 보이자, 찰스 1세를 향한 국민의 마음은 점점 멀어졌습니다.

11년에 걸친 전제 정치가 끝난 계기는 스코틀랜드에서 일어난 폭동이었습니다. 찰리 1세는 장로교가 대부분을 차지하던 스코틀랜드에 잉글랜드 성공회의 의식과 기도서를 강요했습니다. 동군연합이라고는 해도, 엄연히 다른 나라인 잉글랜드와 스코틀랜드를 종교적으로 통일하려는 행동이었습니다. 이것이 스코틀랜드 국민의 큰 반발을 불러일으켜, 1639년 '제1차 주교 전쟁'이 일어났습니다. 찰스 1세는 전쟁 비용을 마련하기 위해 마지못해 의회를 소집합니다. 소집된 의회는 찰스 1세에 대한 비판만 가득하여 제대로 진행되지 않았으며, 불과 3주 만에 해산되어 '단기 의회Short Parliament'라고 불립니다.

그러나 1640년 스코틀랜드와 다시 '제2차 주교 전쟁'이 발발했는데, 잉글랜드군이 패배하며 지급해야 할 배상금이 발생하였기에 의회를 소집해야만 했습니다. 이때 소집된 의회는 12년 이상 지속되었기에 '장기 의회Long Parliament'라고 불립니다. 이 장기 의회는 잉글랜드에서 일어나는 혁명의 중심 무대가 됩니다.

장기 의회는 단기 의회와 마찬가지로 국왕의 뜻대로 되지 않았습니다. 찰스 1세의 실정에 맞서서 정기적인 의회 개최, 절대왕정의 지배 수단으로 사용되었던 성실재판소 폐지, 의회의 동의 없는 과제 금지 등이 의회에서 결정되었습니다.

이후 의회는 찰스 1세의 전제 정치를 끝내고 잉글랜드의 전통적인 정치를 부활시키겠다는 목표에 대해서는 거의 만장일치로 법안을 통과시키며 개혁을 추진해 나갔습니다. 그런데 잉글랜드 성공회 체제에 대해 누가 주도권을 갖느냐로 의견이 갈리면서 의회는 여러 파벌로 나뉘어 싸웁니다.

이 무렵 아일랜드에서는 가톨릭교도들이 반란을 일으켜, 수천 명의 잉글랜드인이 살해당했습니다. 피해자의 수를 과장한 소문이 퍼지며, 아일랜드와 찰스 1세가 손을 잡은 것이 것이 아니냐는 추측이 난무하기도 했습니다. 아일랜드의 반란에 대한 진압군 통솔을 국왕이 할지 의회가 할지를 두고 의회 내에서 의견이 갈리며, 국왕과 의회의 관계는 되돌릴 수 없는 상태까지 악화합니다.

이러한 혼란 속에서 찰스 1세의 실정에 대한 비판이 담긴 '대간의서Grand Remonstrance'라는 항의문이 작성되어 의회에서 가결됩니다. 그러나 불과 11표 차이로 가결된 것으로, 의회의 분열은 가속화되었습니다.

056 왕과 의회의 갈등, 청교도 혁명

국왕은 대간의서에 맞서 자신과 대립하는 의원들을 체포하기 시작하면서 결국 내전으로 이어지게 됩니다. 찰스 1세의 편에는 특권을 가진 일부 젠트리와 귀족을 중심으로 잉글랜드 성공회를 믿는 사람들이 섰습니다. 반대로 의회 측에는 특권을 갖지 않은 다수의 젠트리와 상공업자, 요먼 등이 지지하였습니다. 그들은 대부분 퓨리턴이었으며, 혁명의 핵심이 되었기에 이 사건을 '청교도(퓨리턴) 혁명'이라고 부릅니다. 전자는 왕당파나 기사당, 후자는 의회파나 원정당 등으로 불렸습니다.

초반에는 왕당파에 유리하게 전개되었습니다. 하지만 의회파는 스코틀랜드와 동맹을 맺고 반격에 나섰습니다. 이 과정에서 젠트리 출신의 서민원 의원인 올리버 크롬웰이 의회파 군대를 지휘하며 두각을 나타냈습니다. 크롬웰은 신분제도와 지역에 속박되어 있던 기존의 문제를 개선한 신모범군을 새로 편성하였습니다. 신모범군이 활약하는 가운데, 1645년 네이즈비 전투에서 왕당파가 항복하면서 내전은 일단 종결되었습니다.

그런데 공공의 적이었던 찰스 1세를 물리치자, 의회파 안에서 전후의 정치 체제와 국왕의 처우에 대해 의견이 갈리면서 세 개의 파벌로 나뉘게 되었습니다.

첫 번째 파벌인 '장로파'는 국왕의 존재를 인정하는 입헌군주제를 중심으로 질서의 빠른 회복을 바라며, 칼뱅주의에 입각한 장로

청교도 혁명의 구도

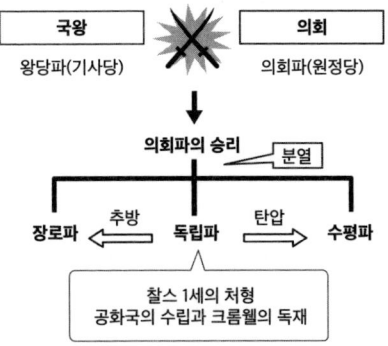

제 국교회를 만들고자 했습니다. 두 번째 파벌은 크롬웰이 속한 '독립파'로, 국왕의 존재에 부정적이었고 공화제를 원했습니다. 또한 잉글랜드 성공회나 장로파와 같은 전국적인 조직을 만들지 말고, 지역마다 자립성과 독립성을 갖게 하여 신앙의 자유를 보장하고자 했습니다. 의회는 이 두 파벌로 나뉘었으며, 의원은 아니지만 의회군의 하급 병사 가운데 남성의 보통선거를 통한 서민의 정치 참여를 요구하는 세 번째 파벌, '수평파'도 등장하였습니다. 수평파도 공화제에 찬성하였습니다.

이러한 혼란을 감지한 찰스 1세는 다시 전쟁을 일으키지만, 바로 패배하여 완전히 힘을 잃습니다. 한편 의회파에서는 군부의 개입으로 장로파 의원들이 의회에서 추방되면서, 독립파가 중심 세력이 됩니다. 그리고 국왕을 재판하기 위한 특별한 고등법원을 설치하고 찰스 1세에게 반역자, 살인자, 국가에 대한 공공의 적 등의 죄를 물어, 1649년 1월 화이트홀 궁전 앞에서 공개 처형하였습니다. 그 뒤로 오늘날에 이르기까지, 영국 국왕은 웨스트민스터 궁전 내 서민원 회의장에 출입할 수 없습니다.

057 영국 역사상 유일한 공화국의 실체

크롬웰이 이끄는 독립파는 청교도 혁명에서 승리한 후 독재적인 체제를 만들어 갑니다. 1649년 3월에는 수평파 지도자를 체포하고 의회나 일부 계급에 한정되었던 권리를 서민에게 넘겨주려 하지 않았습니다. 그리고 왕정과 귀족원을 폐지하고, 5월에 공식적으로 의회에서 공화제를 선언하며 영국 역사상 최초의 공화국을 수립하였습니다.

다만 공화제를 표방하고 있었지만, 실태는 크롬웰에 의한 독재 정치였습니다. 독립파 이외의 파벌은 탄압받았으며, 때로는 무력으로 제압당하기도 하였습니다. 또한 공화제 수립 이후, 왕당파가 힘을 가지고 있던 아일랜드에는 바로 군대가 파견됩니다. 그리고 아일랜드의 토지를 몰수하여 전쟁 비용을 충당했습니다.

명목은 청교도 혁명을 가속한 요인 중 하나였던 아일랜드의 가톨릭교도에 의한 잉글랜드인 학살에 대한 보복이었습니다. 이때 많은 아일랜드 시민들이 잉글랜드군에게 학살당했습니다. 크롬웰은 특히 가톨릭교도를 엄격하게 단속했습니다. 이 전쟁으로 아일랜드 땅의 대부분이 잉글랜드의 소유가 되어 식민지화된 것은 아일랜드인에게 강한 원망을 남겼습니다.

한편 스코틀랜드에서는 찰스 1세의 아들 찰스 2세를 지지하는 사람들이 모여, 잉글랜드와의 대결에 나섭니다. 그러나 크롬웰이 이끄는 군대에 패배한 찰스 2세는 프랑스로 망명하였으며, 그 후 1654년 잉글랜드와 스코틀랜드가 일시적으로 합병됩니다.

058 호국경에 의한 독재, 올리버 크롬웰

1653년 크롬웰에 의해 결국 의회가 해산됩니다. 그리고 같은 해에 '지명 의회Barebone's Parliament'를 새로 구성합니다. 이 의회는 선거에 의해 의원을 선출하는 것이 아니라, 군대나 교회의 추천으로 의원을 선출하였습니다. 지명 의회는 영국 역사상 최초의 성문헌법인 '통치 장전Instrument of Government'을 제정하는 등 급진적인 개혁을 단행했기에 온건파와 대립하여 그해에 바로 해산됩니다.

지명 의회를 대신해 크롬웰이 '호국경Lord Protector'으로 정권을 잡습니다. 호국경은 잉글랜드, 스코틀랜드, 아일랜드 및 식민지로 이루어진 공화국의 최고 입법권을 갖는 지위입니다. 하지만 이전 지명 의회의 급진파, 장로파, 왕당파의 잔당 등의 반대 세력에 둘러싸여 쉽지 않았습니다. 그래서 크롬웰의 정부는 군사력을 바탕으로 독재를 강화해 나갑니다.

전국을 군관구로 나누어 각 지역에 군정 장관을 배치하고 군사와 행정의 권한을 모두 부여하였습니다. 군정 장관 아래 퓨리턴과 같은 도덕을 강요하고, 오락이나 음주를 금지하는 등 엄격한 단속이 시행됩니다.

1658년 크롬웰이 병으로 급사하자, 아들 리처드 크롬웰이 뒤를 이어 호국경으로 취임합니다. 그러나 혼란을 수습할 능력이 없어 정권은 결국 붕괴하였습니다. 그 후 의회가 재소집되어 망명해 있던 찰스 2세를 소환함으로써, 지난 20년 동안 일어난 내전과 혁명의 흐름은 단번에 뒤바뀌게 됩니다.

칼럼   상설 극장과 윌리엄 셰익스피어

영국의 르네상스 위에서 연극과 문학이 꽃피다

튜더 왕조의 역대 국왕은 예술을 좋아했습니다. 특히 엘리자베스 1세의 치세에는 영국 르네상스(문예 부흥)가 절정기를 맞았습니다. 문학, 음악, 건축 등이 발전했는데, 특히 연극이 눈부시게 발전하였습니다.

르네상스기 이전의 연극은 성서를 바탕으로 한 성사극이나 그로부터 파생된 도덕극을 연기하는 전통적인 연극단이 계절마다 지방을 도는 '순회공연'의 형식으로 존재했습니다. 1570년대 이후가 되면 런던에 글로브 극장과 같은 '상설 극장'이 곳곳에 건설됩니다.

이러한 배경에서 등장한 인물이 영국 역사상 굴지의 극작가인 윌리엄 셰익스피어입니다. 잉글랜드의 국왕 이름을 작품명으로 한 역사극을 비롯해 《말괄량이 길들이기》, 《베니스의 상인》, 《로미오와 줄리엣》, 《햄릿》 등의 작품을 세상에 남겼습니다.

셰익스피어의 작품은 현대 영어에도 영향을 미쳤습니다. 전에 없던 영어 표현과 교양 넘치는 대사, 그리고 서민들의 관심이 높았던 왕위 계승을 소재로 삼은 것이 인기를 끌었던 이유이기도 합니다. 글로브 극장은 청교도 혁명의 혼란에 휩싸여 폐쇄되었지만, 1997년 런던에 '셰익스피어 글로브 극장'이라는 이름의 복합 시설로 복원되어 많은 관광객이 찾고 있습니다.

셰익스피어의 주요 작품

- 역사극

《헨리 6세(3부 구성)》, 《리처드 3세》, 《리처드 2세》, 《존 왕》, 《헨리 4세(2부 구성)》, 《헨리 5세》, 《헨리 8세》

- 4대 희극

《말괄량이 길들이기》, 《한여름 밤의 꿈》, 《베니스의 상인》, 《뜻대로 하세요》

- 4대 비극

《햄릿》, 《오셀로》, 《리어왕》, 《맥베스》

윌리엄 셰익스피어

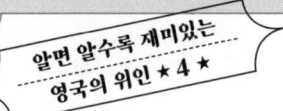

절대왕정의 황금기에 군림한 여왕, 엘리자베스 1세

한 시대를 상징하는 지도자로 남다

국왕 헨리 8세의 둘째 딸로 태어났지만, 어린 나이에 어머니가 아버지에게 처형당하고 서자(지위를 상속받지 않는 아이)로 불안한 어린 시절을 보냈습니다. 그래도 헨리 8세의 마지막 아내가 고용한 가정교사와 함께 공부하며 당시 여성으로서는 드물게 영어 외에도 라틴어, 그리스어, 이탈리아어, 프랑스어를 구사하는 등 높은 교양을 갖추게 되었습니다.

"나는 국가와 결혼했다."라는 발언에서 알 수 있듯, 엘리자베스 자신의 모든 역량을 바쳐 국가를 이끌었으며, 한 시대를 상징하는 지도자로 오늘날 영국에서도 높은 존경을 받고 있습니다. 평생을 독신으로 지냈으나 연애에 얽힌 소문도 여럿 있는데, 그중에서도 귀족이자 애인으로 알려진 로버트 더들리의 존재는, 여왕이라는 중책을 맡은 그녀에게 큰 영향을 끼쳤다고 합니다. 엘리자베스 1세가 마지막까지 더들리의 편지를 소중히 간직했다는 일화가 남아 있습니다.

Chapter 5

의회 정치의 확립

059 다시 시작된 왕정과 퓨리턴 탄압

망명 중이던 찰스가 런던으로 돌아와 1660년에 찰스 2세로 즉위하며 왕정을 시작합니다. 이른바 왕정복고입니다. 공화정 시대에 제정된 법은 모두 무효가 되었지만, 완전히 원래대로 돌아가지 않은 것도 있었습니다. 청교도 혁명 중 병합된 스코틀랜드와 아일랜드는 독립국으로 돌아갔지만, 잉글랜드에 종속되는 관계임에는 변함이 없었습니다.

또한 찰스 2세는 잉글랜드로 돌아가기 전 왕정복고를 위해 청교도 혁명에 연루된 사람의 책임을 묻지 말 것, 신앙의 자유를 약속할 것, 혁명 중 몰수된 왕당파의 토지 관리는 의회에 위임할 것, 군대에 미지급된 급여에 대한 지급을 보장할 것 등의 공약으로 이루어진 '브레다 선언'을 발표하였습니다.

이는 의회를 무시하는 강권 정치를 하지 않겠다는 의미였습니다. 그런데 즉위한 후에는 선언을 파기하고, 찰스 1세의 사형 판결에 연루된 판사의 처형을 지지하는 등 의회를 소홀히 하는 행보를 보였습니다.

한편 의회는 종교를 뛰어넘는 국민의 협조를 요구한 찰스 2세의 뜻과는 반대로, 국민의 신앙을 잉글랜드 성공회로 통일하려고 했습니다. 청교도 혁명을 주도한 퓨리턴들을 악역으로 몰아 혁명의 책임을 지우려고 했던 것입니다.

그리고 차례차례 퓨리턴을 단속하는 법이 의회에서 가결됩니다. 구체적으로는 잉글랜드 국교도(성공회)가 아닌 사람이 도시의 관리직을 맡는 것을 금지한 '지방자치단체법', 모든 성직자에게 국교회의 통일 기도서 사용을 강제한 '예배통일법', 국교회가 아닌 종교적 집회를 금지한 '비밀집회금지법', 국교도가 아닌 성직자를 도시에서 약 8㎞ 이상 떨어진 곳으로 추방하는 '5마일령' 등이 있었습니다.

060 국왕과 의회의 종교 대립

왕정복고 후, 의회에 의해 잉글랜드 성공회를 지지하는 체제는 찰스 2세의 움직임에 따라 서서히 변화해 갑니다. 즉위한 지 얼마 되지 않은 1662년 찰스 2세는 '신앙 자유 선언'을 발표하며 가톨릭교도에 대한 부당한 차별을 없애고 신앙을 인정하고자 했습니다. 이때 국왕 본인은 가톨릭교도라는 사실을 부정했지만, 망명 중에 가톨릭 국가인 프랑스에서 국왕 루이 14세의 보호를 받고 있었기에 의회와 국민들은 국왕에 대해 불신을 품었습니다. 루이 14세가 대외 침략을 거듭하면서, 잉글랜드도 프랑스의 지배를 받게 되는 것이 아니냐는 국민들의 불안감도 고조되었습니다.

1665년에는 사상 최대 규모의 전염병 흑사병이 다시 유행하여, 약 3개월 사이에 런던 인구의 6분의 1에 가까운 7만 명 이상이 사망했습니다. 이듬해에는 '런던 대화재'라고 불리는 큰 화재가 발생해 건물 대부분이 불에 탔습니다. 이때 가톨릭교도에 의한 방화라는 소문이 돌았는데, 이는 강한 반가톨릭 감정의 표시라고 할 수 있습니다.

사회가 동요하는 가운데, 1670년 찰스 2세는 프랑스의 루이 14세와 도버 조약을 체결합니다. 찰스 2세가 가톨릭으로 개종하고 그리고 네덜란드와의 전쟁에서 프랑스 편을 서는 것을 조건으로, 재정 지원을 받는다는 내용이었습니다. 1672년에는 두 번째 '신앙 자유 선언'을 발표하며 가톨릭을 부흥하려는 자세를 보였습니다.

이런 찰스 2세의 움직임에 대항하기 위해 의회는 이듬해 '심사법'을 통과시켰습니다. 공직에 종사하는 사람을 잉글랜드 국교인 성공회로 한정하고, 가톨릭교도를 국가 운영에서 배제하는 것이 목적이었습니다. 이 심사법으로 찰스 2세의 동생이자 다음 왕위 계승자인 제임스(제임스 2세)가 가톨릭교도라는 사실이 알려지면서 국민들의 동요가 확산됩니다. 점점 의회의 적대 대상은 퓨리턴에서 가톨릭교도로 옮겨갔습니다.

061 자유당과 보수당의 전신

가톨릭교도인 제임스의 왕위 계승을 둘러싸고 의회는 둘로 갈라졌습니다. 제임스를 왕위 계승자에서 제외하려는 사람들은 '휘그Whig'라고 불렸는데, 이들은 의회가 왕위 계승에 간섭하기를 원하며 왕위를 감시하거나 억제하려고 했습니다. 이에 반해 제임스의 왕위 계승을 인정하는 사람들은 '토리Tory'라고 불렸는데, 이들은 의회가 왕위 계승에 관여할 수 없다며 국왕의 권한을 지키려고 했습니다.

휘그는 '스코틀랜드의 반역자', '스코틀랜드의 말 도둑'이라는 뜻으로, 토리는 '아일랜드의 무법자', '아일랜드의 도전'이라는 뜻으

로, 서로를 부른 데서 유래했다고 합니다. 휘그는 자유당, 토리는 보수당의 전신으로, 훗날 20세기 전반까지 이 두 당이 양대 정당으로서 의회 정치의 중심을 담당합니다.

국왕과의 협력 관계를 중시하려는 토리당은, 잉글랜드 국교도가 다수를 차지하였습니다. 제임스의 뒤를 이을 맏딸 메리와 둘째 딸 앤은 잉글랜드 국교도였기 때문에, 제임스가 국왕이 되어 가톨릭교도를 우대하는 정책을 추진했다고 하더라도 메리와 앤에게 왕위가 계승되면 걱정은 해소될 것이라고 대수롭지 않게 여기고 있었습니다. 토리당과 휘그당의 항쟁은 의회 안팎을 불문하고 반복되었으나, 결국 왕위 계승자에 대한 법안이 새로 통과하지는 못했으며, 1685년에 찰스 2세가 사망하면서 가톨릭교도인 제임스 2세가 즉위합니다.

062 친가톨릭 정책의 역풍

국민들이 우려하는 가운데, 1685년 즉위한 제임스 2세는 예상한 대로 가톨릭교도를 보호하는 정책을 내놓았습니다. 국왕에게 충실했던 토리당은 잉글랜드 국교도가 다수였기 때문에, 토리당과 국왕과의 관계는 악화하기 시작합니다.

제임스 2세는 심사법을 비롯한 가톨릭교도를 차별하는 법의 철폐를 의회에 요구하였습니다. 의회가 이를 거부하자, 의회를 해산하고 국왕 대권을 이용하여 정책을 추진합니다. 예를 들어 국왕이 심사법을 무시하고 공직에 가톨릭교도를 등용했을 때, '적용권 면제'라는 국왕 대권을 사용하여 등용된 가톨릭교도에게 죄를 묻지 않도록 하였습니다. 또한 같은 국왕 대권 중 하나인 '집행 정지권'에 따라 가톨릭교도를 차별하는 형벌법의 집행을 정지시켰습니다. 이러한 국왕 대권의 남용으로 의회가 제정해 온 법이 의미가 없어졌습니다.

또한 제임스 2세는 모든 공직자에게 국왕의 정책에 대한 지지 여부를 묻는 질문장을 보냈고, 그 대답에 따라 경질하였습니다. 잉글랜드 성공회에 대한 신앙심 때문에 국왕의 친가톨릭 정책을 지지하지 않는 토리당 의원의 상당수가, 이렇게 의회에서 추방당합니다.

제임스 2세는 국왕에게 충실했던 토리당의 지지를 점점 잃었고 대신 신앙에 관용적인 휘그당을 중심으로 한 새로운 지지 세력을 원했습니다. 하지만 정당이나 종교에 상관없이 국민 전체의 비판을 받으며 지지 기반을 상실하였습니다.

063 피가 흐르지 않았던 명예혁명

 1688년 6월 두 번째 왕비 사이에 남자아이가 탄생하면서 제임스 2세만 할 수 있다고 생각했던 가톨릭교도 옹호 정책이 다음 왕의 치세, 그리고 이후의 치세에서도 시행될 가능성이 높아졌습니다.

 이 상황에 맞서, 그동안 대립을 계속해 온 토리당과 휘그당은 서로 양보하고 손을 잡으며 제임스 2세의 대권 남용과 가톨릭 부흥 정책에 대응하기 시작했습니다. 의회는 네덜란드 총독(사실상 네덜란드 왕)인 빌럼 3세에게 제임스 2세 지배로부터 해방되기 위해 군대를 이끌고 도와달라는 초청장을 보내 협조를 구합니다.

 이 빌럼 3세의 어머니는 오빠가 찰스 2세, 동생이 제임스 2세입니다. 게다가 빌럼 3세의 아내는 제임스 2세의 큰딸 메리였습니다. 즉, 부부가 모두 잉글랜드 왕실의 혈통을 이어받았다는 뜻입니다.

게다가 네덜란드는 이전에 가톨릭교국인 스페인의 지배를 받았으나, 1568년부터 시작된 80년 전쟁의 끝에 1648년에 독립을 이룬 역사가 있었습니다. 네덜란드는 칼뱅파가 다수인 프로테스탄트 국가이며, 프랑스의 침략에 대해 과감하게 저항하는 빌럼 3세의 태도가 잉글랜드 의회가 추구하는 국왕의 모습이기도 했습니다.

빌럼 3세에게는 친척과 그리고 그의 아내 메리에게는 친아버지와 싸우는 모양새가 되지만, 빌럼 3세는 초청장을 받아들였습니다. 그리고 1688년 11월 프로테스탄트의 보호를 이유로 잉글랜드 남서부에 상륙합니다. 빌렘 3세는 잉글랜드의 법과 자유 권리의 유지에 대해서는 의회를 존중하겠다고 하여 잉글랜드 국민의 압도적인 지지를 모았습니다. 그에 맞서야 할 잉글랜드 국왕군도 대부분 빌럼 3세를 지지하였습니다.

형세가 너무 불리함을 깨달은 제임스 2세는 싸우지 않고 12월에 프랑스로 망명하였습니다. 이렇게 큰 유혈사태 없이 승리를 쟁취함에 따라, '명예혁명'이라고 불리게 되었습니다.

064 의회 속의 국왕, 입헌군주정

제임스 2세를 대신하여 빌럼 3세가 런던으로 입성합니다. 제임스 2세가 도망치면서 왕위는 공석이 되었습니다. 1689년 빌럼 3세와 아내 메리가 공동으로 왕위에 올라 윌리엄 3세와 메리 2세가 되었습니다.

윌리엄 3세의 요청으로 국왕의 거처를 화이트홀 궁전에서 런던 외곽의 '켄싱턴 궁전'으로 옮깁니다. 1698년 화재로 인해 국왕의 공식 거처였던 화이트홀 궁전은 사용할 수 없게 되었고, 마찬가지로 헨리 8세가 만든 '세인트 제임스 궁전'이 한동안 잉글랜드 왕실의 거처가 되었습니다.

두 국왕은 즉위하면서 시민의 권리와 자유에 대한 보호가 명기된 '권리 선언Declaration of Rights'에 서명하고, 이 권리 선언을 바탕으로 '권리 장전Bill of Rights'이 작성됩니다. 정식 명칭은 '신민의 권리와 자유를 선언하고 왕위 계승을 정하는 법률'로, 국왕의 전제 정치나 의회의 동의 없는 과세 등을 금지하는 것입니다.

권리 장전으로 국왕의 지위는 '의회 속의 국왕'으로 제한되었습니다. 절대왕정에서 입헌군주정으로 바뀌는 데 중요한 계기가 되었으며, '의회 정치'의 원칙이 확립됩니다. 그리고 국왕 혹은 배우자가 가톨릭교도인 사람은 왕위 계승자에서 제외된다고 규정함으로써, 왕위 계승자에서 가톨릭교도가 배제되었습니다.

또한 국왕에게 충성을 맹세하기만 하면 퓨리턴 등 비국교도를 종교적 처벌의 대상에서 제외하는 '관용법'도 제정되었습니다. 하지만 가톨릭교도나 무신론자는 그 적용에서 제외되었습니다. 또한 퓨리턴이라도 지방자치단체법, 심사법은 남아 있었기에 공직을 맡을 수 없었고, 잉글랜드 성공회가 우위인 체제는 계속되었습니다.

065 시민 혁명인가, 내란인가?

청교도 혁명과 명예혁명을 합쳐 '영국 혁명'이라고 하는데, 이는 영국의 '시민 혁명'이라고도 할 수 있습니다. 시민 혁명이란 국왕, 귀족, 성직자 등 계급이 독점하고 있는 권리를 도시에서 일하는 시민 계급이 중심이 되어 쟁취하는 혁명을 말합니다. 절대왕정이라는 체제를 허물고 근대 국가로 이행하는 과정에 시민 혁명이 있었습니다.

그러나 최근에는 영국 혁명을 시민 혁명이라고 부를 수 없다는 견해도 나오고 있습니다. 혁명 이후에도 동인도 회사와 같은 특권을 가진 단체가 여전히 존속하고 있었으며, 상공업자들의 권리를 침해하고 있었습니다. 게다가 혁명의 주체는 젠트리와 요먼으로, 상공업자는 일부가 참여했다는 정도에 머물렀기에 시민이 일으킨 혁명이 아니라 내란이라고 생각할 수 있다는 것입니다. 실제로 영국의 역사 수업에서는 내란으로 가르치기도 하며, 18세기 후반에 일어나는 미국 독립 전쟁이나 프랑스 혁명과 같은 시민 혁명과 비교하면 내란으로 인식되는 것도 이해할 수 있습니다.

066 스코틀랜드와 아일랜드의 혼란

명예혁명으로 국왕이 바뀌자, 동군연합이었던 스코틀랜드와 아일랜드도 이에 영향을 받아 극심한 혼란에 빠졌습니다. 스코틀랜드에서는 '장로교'가 의회의 주도권을 잡게 됩니다. 1689년 스코틀랜드 의회는 장로교를 국교화할 것을 요구했습니다. 당시 잉글랜드 국왕으로부터 잦은 종교 탄압을 받아 온 스코틀랜드는 잉글랜드가 이 문서를 승인하면 빌렘 3세와 메리 2세의 즉위를 인정한다는 조건을 걸었습니다. 잉글랜드는 이를 받아들였고, 스코틀랜드는 신앙의 자유를 쟁취했습니다.

이런 장로교 의회가 주체가 된 변혁에 대해 제임스 2세를 지지하는 세력이 무장봉기를 일으키며 저항합니다. 진압되기는 했지만 이들은 후에도 제임스 2세의 후손이 왕위를 계승해야 한다고 주장해, 제임스의 라틴어 이름을 따 '자코바이트'라고 불렸습니다. 자코바이트는 계속 불만을 품고 18세기에 들어서도 반란을 일으킵니다.

아일랜드와의 관계에서도, 자코바이트는 프랑스군의 지원을 받은 제임스 2세와 손잡고 잉글랜드군과 싸웠습니다. 하지만 잉글랜드군의 승리로 끝납니다. 이후 아일랜드의 가톨릭교도는 이전보다 더 엄격한 제한 아래 잉글랜드의 지배를 받게 되었습니다. 동군연합이었지만 실질적으로는 잉글랜드의 식민지였습니다. 아일랜드 의회는 잉글랜드 국교도 의원으로 구성되어, 소수의 잉글랜드 국교도가 가톨릭교도가 대부분인 아일랜드 국민을 통치하게 되었습니다.

067 넓어져 가는 식민지

잉글랜드가 지배하는 지역은 아일랜드 인근에 머무르지 않고 인도와 북아메리카 대륙 등 세계로 확장되고 있었습니다. 엘리자베스 1세의 치세에 설립된 동인도 회사는 초기에는 현재 인도네시아의 말루쿠 제도에서 향신료 무역으로 수익을 창출했습니다.

그러나 1623년 발생한 '암보이나 사건'으로 네덜란드와의 세력 다툼에서 패하며, 말루쿠 제도에서 철수하고 대신 인도의 무굴 제도에 진출하였습니다. 17세기에 마드리드, 봄베이(오늘날 뭄바이), 캘커타(오늘날 콜카타) 등의 거점을 설치해 인도를 지배해 나가기 시작합니다.

북아메리카 대륙에서도 13개의 식민지 대부분이 17세기에 건설되었습니다. 그리고 북아메리카 대륙의 식민지를 둘러싼 세력 다툼은 명예혁명 이후 더욱 치열해집니다.

068 식민지 패권을 둘러싼 전쟁

윌리엄 3세는 프랑스 세력을 억압하는 외교를 기본 방침으로 삼았습니다. 명예혁명 직전인 1658년 신성 로마 제국의 유력한 선제후(신성 로마 제국의 황제를 선출할 선거권을 가진 사람) 중 한 명인 팔츠 선제후가 사망합니다. 그때 1688년 프랑스가 팔츠 영토의 계승권을 주장하며 팔츠 침공에 나섰습니다. 프랑스의 침공에 대항한 세력이 '아우크스부르크 동맹'입니다. 당시 아직 잉글랜드 왕이 아니었던 빌럼 3세가 제창하여 네덜란드, 스웨덴 등의 프로테스탄트 국가와 스페인, 신성 로마 제국 등 가톨릭교국으로 결성된 동맹군입니다.

이 전투를 '아우크스부르크 동맹 전쟁(팔츠 계승 전쟁)'이라고 부르며, 명예혁명 이후 빌럼 3세가 윌리엄 3세로서 잉글랜드 왕으로 즉위하면서 동맹 측으로 참전하게 됩니다. 아우크스부르크 동맹 전쟁에서 잉글랜드와 프랑스의 대립은 식민지로 불똥이 튀었고, 같은 시기에 북아메리카 식민지를 두고 영국과 프랑스가 싸우는 '윌리엄 왕 전쟁'이 일어났습니다.

아우크스부르크 동맹 전쟁과 윌리엄 왕 전쟁에서 시작된 식민지를 둘러싼 잉글랜드와 프랑스의 세력 다툼은 19세기 초까지 계속되어, '제2차 백년전쟁'이라고 불립니다. 이는 유럽 국가들 사이의 이해관계가 얽힌 복잡한 전쟁이었습니다.

아우크스부르크 동맹 전쟁과 윌리엄 왕 전쟁은 1697년 라이스바이크 조약을 맺으며 종결되었습니다. 이 조약으로 프랑스는 윌리엄 3세의 잉글랜드 왕위 계승을 인정하고, 나아가 돈과 받는 대가로 팔츠 선제후의 상속을 포기했습니다. 긴 전쟁 이후 프랑스 루이 14세의 막강한 권력이 흔들리기 시작했습니다.

1693년 잉글랜드에서는 장기간에 걸친 전쟁 비용을 조달하기 위해 국채 제도가 도입됩니다. 1694년에는 오늘날의 영국 중앙은행의 전신에 해당하는 잉글랜드 은행이 설립되어 국채를 인수했습니다. 그에 따라 장기 전쟁 비용을 차입할 수 있게 되면서 국가 재정은 안정을 찾아갑니다.

17세기 후반~18세기 전반의 영국과 프랑스의 전쟁

전쟁	연도	무대
아우크스부르크 동맹 전쟁 (팔츠 계승 전쟁)	1688~1697	서유럽
윌리엄 왕 전쟁	1689~1697	북아메리카 대륙
스페인 왕위 계승 전쟁	1701~1714	서유럽
앤 여왕 전쟁	1702~1713	북아메리카 대륙과 서인도 제도

069 유럽 굴지의 강국으로

아우크스부르크 동맹 전쟁이 끝난 지 얼마 지나지 않아 윌리엄 3세는 1701년부터 시작된 '스페인 왕위 계승 전쟁'에도 참전합니다. 이 전쟁은 스페인의 왕위가 프랑스 왕 루이 14세의 손자에게 계승되는 것을 잉글랜드, 네덜란드, 오스트리아가 반대하면서 시작되었습니다. 하지만 윌리엄 3세는 개전 후 바로 낙마 사고로 사망하여 프랑스 세력을 견제하는 과제는 다음 왕에게 맡기게 되었습니다.

메리 2세는 윌리엄 3세가 사망하기 전에 세상을 떠났기 때문에 1702년 권리 장전에 따라 메리 2세의 여동생인 앤이 왕위에 오르게 됩니다. 앤 여왕의 치세에서도 스페인 왕위 계승 전쟁이 계속되었는데, 이때 잉글랜드와 프랑스의 식민지 전쟁인 '앤 여왕 전쟁'도 북아메리카 대륙과 서인도 제도에서 계속됩니다. 잉글랜드는 전쟁에서 우위를 차지하며, 1713년에 프랑스 등과 위트레흐트 조약을 맺으며 전쟁이 종결되었습니다.

이 조약으로 잉글랜드는 루이 14세의 손자를 스페인 왕으로 인정하는 대신, 지중해에서 대서양으로 빠져나가는 거점인 지브롤터와 북아메리카 대륙의 식민지를 프랑스와 스페인으로부터 획득하였습니다. 또한 스페인이 쥐고 있던 미국 식민지에 대한 '흑인 노예 공급권'도 가져왔습니다. 이는 아프리카 흑인들을 노예로 삼아 식민지에 공급할 권리로, 잉글랜드의 식민지 무역은 점점 더 확대되어 갑니다. 점차 잉글랜드는 유럽 열강 중 하나로 성장합니다.

070 프랑스와의 전쟁이 미친 영향

이 시대의 대외 전쟁은 유럽뿐만 아니라 멀리 식민지에서도 전개되고 있었습니다. 전쟁터가 세계적인 규모로 확대되었기에, 충분한 군사력과 재정을 확보하는 것은 이전보다 더 중요해졌습니다. 프랑스를 상대로 한 각 전쟁을 위해 의회에서는 상비군 확대가 통과되어 풍부한 군사력을 행사할 수 있게 되었습니다.

재정 측면에서는 국채와 함께 토지세, 관세, 소비세를 중심으로 시스템이 완성되었습니다. 이를 통해 잉글랜드는 전쟁을 수행할 수 있는 국가 체제인 '재정 군사 국가'가 되었습니다.

장기간에 걸친 전쟁은 의회에도 영향을 주었습니다. 국가 예산 결정권을 가진 의회의 중요성이 커지면서, 토리당과 휘그당을 중심으로 한 의회 정치가 활발해졌습니다. 두 당은 모든 의제에 대해 치열하게 논전을 펼쳐 나갔습니다.

전쟁에 관해 휘그당은 적극적으로 관여할 것을 주장했습니다. 반면 토리당은 비용의 부담을 이유로 반대하였습니다. 휘그당원이 프랑스와의 전쟁에 대한 다양한 실무를 담당했기에, 야당이었던 휘그당의 입지가 서서히 강해졌습니다.

071 연합 왕국의 탄생

명예혁명 이후 스코틀랜드에서는 잉글랜드와의 동군연합 해소를 고려할 정도로 반잉글랜드 의식이 형성되어 있었습니다. 외국에서 태어난 윌리엄 3세의 즉위에 대한 불만이 아직 남아 있었고, 앤 여왕 이후 왕위 계승을 규정한 왕위계승법이 1701년 잉글랜드 의회를 통과했을 때 사전에 상의가 없었다는 점도 스코틀랜드가 반발하는 원인이 되었습니다.

잉글랜드에서는 프랑스와의 전쟁이 계속되고 있었기에, 스코틀랜드가 프랑스와 손잡는 것을 우려하는 목소리도 있었습니다. 그러한 상황을 방지하기 위해 잉글랜드는 스코틀랜드와 의회를 통합하여 같은 법 제도 아래에서 통치하는 것을 목표로 하기 시작합니다.

물론 스코틀랜드 측은 반대하였지만, 잉글랜드와 등을 짐으로써 받는 경제적 손실이나 군사 충돌 가능성 등의 위험이 있었고 무엇보다 합병으로 인해 창출되는 무역 자유화의 이익은 스코틀랜드에게 매우 매력적이었습니다. 1690년대에 스코틀랜드가 심각한 기근으로 많은 아사자가 발생한 것도 합병에 대한 동의를 뒷받침했습니다.

수개월에 걸친 협상 끝에 1707년 '연합법$^{Act\ of\ Union}$'이 성립되어 '그레이트브리튼 왕국(이하 영국)'이라는 연합 왕국이 탄생하게 됩니다. 잉글랜드, 스코틀랜드, 그리고 웨일스로 이루어진 브리튼섬(그레이트브리튼섬)이 영국 역사상 처음으로 단일 국가에 의해 통치하게 된 것입니다.

합병으로 인해 잉글랜드와 스코틀랜드에 변화가 생겼습니다. 먼저 앤 여왕의 사후에는 왕위계승법에 따라 신성 로마 제국의 하노버 선제후가 계승하는 것이 양국 간에 확인되었습니다. 앤 여왕의 뒤를 이을 자녀가 없었기에 스튜어트 가문의 직계 혈통이 끊어지는 것에 대한 대응책이었습니다.

다음으로 스코틀랜드 의회는 없어지고 잉글랜드 의회에서 스코틀랜드 의원의 의석을 인정받게 되었습니다. 하지만 의석 배분은 불평등했습니다. 서민원의 경우 잉글랜드 및 웨일스가 513석인 데에 비해 스코틀랜드는 45석이었습니다. 귀족원도 잉글랜드 및 웨일스가 110석, 스코틀랜드가 15석으로, 스코틀랜드가 인정받는 의석수는 매우 적었습니다.

스코틀랜드는 잉글랜드 경제의 테두리 안에 편입되어 양국 간의 무역이 자유로워지고 화폐와 도량형(길이, 부피, 무게 등 단위를 재는 법)도 통일되었습니다. 이를 통해 스코틀랜드는 잉글랜드 무역권의 혜택을 누리게 되었습니다. 다만 종교와 법에 관해서는 합병 후에도 양국의 서로 다른 시스템이 계속 남아 있었고, 스코틀랜드가 완전히 잉글랜드화된 것은 아니었습니다. 그 후 스코틀랜드는 식민지화가 진행되는 아일랜드와는 다른 방향으로 나아가게 됩니다.

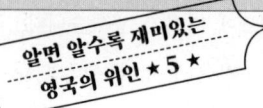

알면 알수록 재미있는 영국의 위인 ★ 5 ★

인류 역사상 가장 위대한 과학자, 아이작 뉴턴

근대 과학에 지대한 영향을 끼치다

농원을 경영하는 가정에서 자란 뉴턴은 과학과는 무관했으나, 그의 재능을 발견한 친척들 덕분에 잉글랜드의 명문 케임브리지 대학에 입학하여 지식을 쌓습니다. 전염병 흑사병이 유행하여 대학이 문을 닫자, 고향으로 돌아가 '만유인력'과 '미적분법'과 같은 이론을 정리합니다. 그 후에도 역학, 수학, 광학, 천문학 등 여러 분야에서 차례차례 새로운 이론을 발표해 나갔습니다. 그 연구가 정리된 저서 《프린키피아(자연 철학의 수학적 원리)》는 근대 과학의 기초가 집대성된 명저이며, 만유인력의 원리를 처음으로 알린 것으로 유명합니다.

그는 젊은 나이에 대학교수가 되었으며 생의 후반에는 국회의원으로도 선출되며 작위를 얻는 등 영국 사회에서 높은 지위에 올랐습니다. 그의 시신은 역대 국왕이 잠들어 있는 웨스트민스터 사원에 묻혔습니다.

Chapter 6

대영 제국의 번영

072 영어를 못하는 왕

1714년 앤 여왕이 사망하자 왕위계승법에 따라 제임스 1세의 손녀 조피의 아들이자 신성 로마 제국 하노버 선제후인 게오르크가 왕위에 올랐습니다. 신성 로마 제국은 오늘날의 독일, 오스트리아, 체코, 이탈리아 북부 등의 지역을 다스리던 나라입니다. 게오르크는 그레이트브리튼 왕국(이후 영국)으로 건너가, 조지 1세로 즉위하였습니다. 이 조지 1세부터 '하노버 왕조'가 시작됩니다.

즉위 시 54세였던 조지 1세는 신성 로마 제국의 하노버(오늘날 독일 북부)에서 태어나고 자랐기 때문에 영어를 하지 못했습니다. 오로지 대륙의 정세에만 관심이 있고 영국 국내의 정치에 관심을 기울이지 않아 정치는 대신들이 맡게 됩니다. 조지 1세는 내각 회의에도 출석하지 않았습니다.

또한 조지 1세는 절대왕정 시기의 국왕처럼 의회의 결정에 참견하거나 의회와 격렬하게 대립하지도 않았습니다. 그 결과, 의회 정치가 크게 발달하였습니다. 이때부터 "국왕은 군림하되 통치하지 않는다."라는 오늘날의 영국으로 이어지는 입헌 정치의 원칙이 확립됩니다.

073 영국 최초의 총리, 로버트 월폴

이 무렵 의회는 스튜어트 왕조 시대와 다를 바 없이 휘그당과 토리당의 양대 정당이 유력했습니다. 조지 1세는 하노버 왕조를 적극적으로 지지하는 휘그당의 편을 들어주었습니다. 토리당에는 스튜어트 왕조 계열의 제임스 2세와 그의 후손을 지지하는 자코바이트가 많았기 때문입니다.

1715년 프랑스로 망명해 있던 제임스 2세의 아들 제임스 프랜시스 에드워드는 제임스 3세를 자처하고 무력으로 왕위를 탈환하기 위해 자코바이트와 함께 스코틀랜드에서 무장봉기를 일으킵니다. 그러나 허술한 계획으로 금세 진압되었습니다.

이 봉기에서 토리당이 자코바이트와의 관계를 의심받아 무장봉기와 관계없던 토리당 지지자들마저 공직에서 쫓겨나며 의회에서 휘그당의 기세가 강해졌습니다. 그러던 중 휘그당에서 두각을 나타낸 인물이 있습니다. 바로 대장경 로버트 월폴입니다.

당시 영국은 위트레흐트 조약에 따라 스페인으로부터 얻은 흑인 노예 공급권을 이용하여 이익을 창출하기 위해 '남해 회사'라는 회사를 설립했습니다. 남해 회사는 동인도 회사처럼 국가나 국왕의 특별한 허가를 받아 무역하는 회사였지만, 실체는 없는 것과 마찬가지였습니다.

남해 회사는 노예 무역으로는 수익이 생각처럼 오르지 않자 주가를 의도적으로 조작해 주식을 사고파는 투기로 이익을 내고 있었습니다. 그러다가 1720년 투기가 과열되어 치솟은 주가가 결국 폭락하면서 경제는 혼란에 빠졌습니다. 이때 남해 회사 거품 사태를 수습한 인물이 바로 각료였던 월폴입니다. 이를 계기로 월폴은 이듬해에 제1대장경으로 취임하여, 각료의 최고 유력자가 되었습니다.

오늘날 영국에서는 일반적으로 '총리'라는 호칭을 사용하지만, 당시에는 아직 총리라는 직책이 없어 제1대장경이 실질적인 총리였다고 할 수 있습니다. 이 시기에 내각과 그 우두머리인 총리가 국왕을 대신해 의회를 책임지는 '책임 내각제'의 바탕이 되는 구조가 완성되었습니다. 영국 최초의 총리는 월폴이 된 것입니다.

월폴의 정책은 평화적이었습니다. 세금 인상으로 이어지는 다른 나라와의 전쟁에 참가하는 것을 좋아하지 않았습니다. 또한 상공업을 진흥하고 새로운 농업 기법을 장려하여 곡물 생산량을 증가시키는 등 국가 재정을 극적으로 개선하였습니다.

월폴이 총리로 지낸 약 20년 동안, 사회는 비교적 안정적이고 평화로웠기 때문에 '월폴의 평화'라고도 불립니다. 그러나 1739년 무역 문제로 스페인과 일촉즉발의 사태에 빠집니다. 월폴은 내키지 않았으나 의회의 압박으로 스페인에 선전포고할 수밖에 없었고, 전쟁 비용을 조달하기 위해 증세를 피할 수 없게 됩니다. 그 결과 1741년 총선에서 휘그당의 의석은 크게 줄었고, 월폴은 제1대장경에서 퇴임하면서 잠깐의 평화로운 시대는 막을 내렸습니다.

074 새로운 농법이 가져온 풍요

영국에서는 중세 이후 삼포제 농업이 이루어지고 있었습니다. 삼포제 농업이란 경지를 삼등분하여 춘경지(봄에 파종하고 가을에 수확함), 추경지(가을에 파종하고 봄에 수확함), 휴경지(경작을 쉼)의 세 가지로 나누는 것입니다. 1년마다 작물을 길러 가꾸고 토지를 3년에 한 번씩 쉬게 하여, 농작물이 잘 자랄 수 있도록 토지의 힘을 회복시키는 농법입니다.

다만 이 농법은 경지에 씨를 뿌리고 빗물만으로 작물이 저절로 자라기를 기다리는 것이었기에 생산성은 그다지 좋지 않았습니다. 하지만 새로운 농법을 도입하려고 해도 당시 농촌에서는 마을 사람들이 모두 같은 경지에서 함께 농사를 짓고 있었기에 모두의 의견이 일치하지 않으면 옛날부터 해 온 농법을 바꾸기가 어려웠습니다.

그래서 작물 생산을 늘리려는 지주는 울타리로 경지를 나누고, 농부를 돈으로 고용하여 농사를 짓게 하였습니다. 이것이 이른바 '제2차 인클로저'입니다. 16세기의 제1차 인클로저는 목축을 위한 것이라면, 제2차 인클로저는 고도 집약형 농업을 위한 것입니다. 그 한 예로 파종기를 도입해 일정한 간격으로 씨를 뿌려 효율적으로 작물을 재배할 수 있게 되었습니다.

나아가 공기 중의 질소를 양분으로 흡수하는 효과가 있는 클로버 등을 재배하고, 이를 가축의 사료나 토지의 상태를 개선하는 비료로 이용했습니다. 또한 가축의 사료로 순무를 사용하면서 가축이 잘 자라게 되어 버터나 우유 등을 안정적으로 만들 수 있게 되었습니다.

하나의 경지에서 '순무, 보리, 클로버, 밀'이라는 작물을 4년 주기로 순서대로 재배하여 휴경지 없이 토지를 집약적으로 사용할 수 있게 되었습니다. 이 농법은 영국 동부의 노퍽에서 시작되었기에 '노퍽 농법'이라고 불리며, 18세기 영국에 전역으로 널리 퍼집니다. 농업의 혁신으로 농작물의 생산력이 향상되면서 식량이 증가하여, 영국의 인구는 비약적으로 늘어납니다.

기존 농법과 새로운 농법의 비교

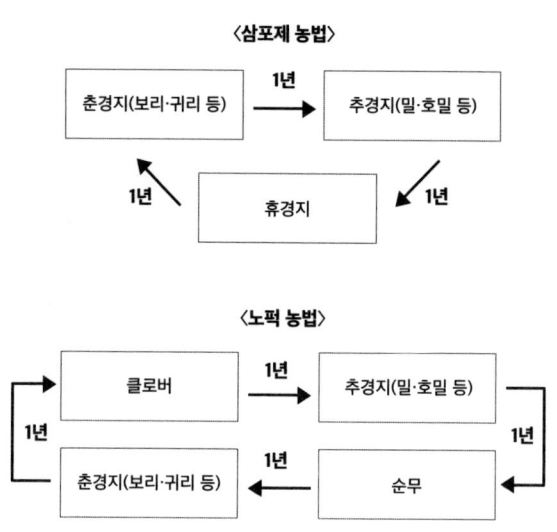

075 영국에서부터 시작된 산업혁명

17세기 무렵 영국에서는 동인도 회사가 무굴 제국(이하 인도)에서 들여온 캘리코(옥양목)라는 면직물이 크게 유행합니다. 캘리코는 그동안 유럽에서 의복 등에 사용되던 모직물에 비해 얇고 가벼우며 촉감과 흡습성이 우수한 천이었습니다.

그러나 양모 생산은 영국의 주요 산업이었기에 면직물 보급에 위기감을 느낀 영국은 캘리코 수입을 금지합니다. 하지만 캘리코의 우수성을 경험한 국민들의 수요는 억누르기가 어려웠습니다. 따라서 면화를 수입하여 면화로 실을 만드는 방적 공장과 실로 천을 만드는 직물 공장이 영국 각지에서 생기기 시작합니다.

그러던 중 1733년 존 케이가 '플라잉 셔틀'이라는 직조 기계를 발명합니다. 플라잉 셔틀로 인해 직조하는 데 걸리는 시간이 대폭 단축되었습니다. 또한 하그리브스의 '제니 방적기', 아크라이트의 '수력 방적기' 같은 방적 기계가 발명되어, 영국의 면제품 생산량은 비약적으로 증가하였습니다.

비슷한 시기에 발명가이자 기술자인 제임스 와트가 광산에서 사용하기 위한 동력기로 증기 기관을 개발하였습니다. 증기 기관과 방적 공장의 기계를 결합해 면제품을 대량으로 생산하는 것이 가능해졌습니다.

산업이 기계화되자 기계를 만들기 위한 철의 수요가 높아졌습니다. 이전까지 영국은 목재를 연료로 하여 제철이 이루어졌지만, 나무의 벌채로 인해 많은 삼림이 손실되고 동시에 목재 화력으로는 좋은 품질의 철을 만들 수 없다는 문제가 있었습니다. 이에 에이브러햄 더비가 저렴하고 쉽게 구할 수 있는 석탄을 이용한 제철 기술을 개발하며 강철을 생산할 수 있게 됩니다.

그리고 증기 기관, 석탄, 강철에 관한 기술은 철도의 발달을 촉진했습니다. 이제는 운하나 마차가 아닌 철도를 이용하여 대량으로 신속하게 물자를 수송할 수 있게 되었습니다. 이러한 기술이 발달함에 따라 나타난 산업과 사회 구조의 변혁을 '산업혁명'이라고 부릅니다.

076 4대째 이어진 같은 이름의 왕

18세기 전반부터 19세기 전반까지는 독일의 하노버 선제후를 겸한 일족이 영국 왕위를 계승하였습니다. 이 시기의 조지 1세부터 조지 4세까지 네 왕의 시대를 '조지 시대'라고 부르기도 합니다.

조지 1세가 병사하면서 1727년 그 뒤를 이은 조지 2세는 스스로 군사를 이끌고 전쟁터에서 싸운 마지막 왕이 되었습니다. 영국은 이 시대에 7년 전쟁과 오스트리아 왕위 계승 전쟁 등 프랑스와의 전쟁에서 승리하여 훗날 대영 제국의 토대를 구축합니다.

1760년 뒤를 이은 조지 3세는 영국 태생으로 영어가 모국어였습니다. "영국의 이름을 자랑스럽게 여긴다."고 연설한 조지 3세의 재위 기간은 60년에 이르며 이전의 어떤 영국 왕보다 더 오래 왕좌에 있었습니다.

이 기간에 영국 국내에서는 산업혁명이 본격화되었습니다. 또한 13개의 북아메리카 대륙 식민지의 독립을 둘러싼 미국의 독립전쟁(1775~1783), 프랑스 혁명(1789~1799), 나폴레옹 전쟁(1796~1815)에 참전하면서 영국을 둘러싼 세계 정세가 급격하게 변화하였습니다.

이런 상황에서 프랑스 혁명의 영향을 받은 아일랜드에서 독립의 기운이 높아질 것을 우려한 영국은 1800년 아일랜드 의회를 영국 의회에 흡수하는 '통합법The Act of Union'을 제정하였으며, 1801년 '그레이트브리튼 및 아일랜드 연합 왕국'(이후 영국)이 성립합니다.

조지 3세는 말년에 정신병을 앓았기에 아들 조지를 섭정으로 세웁니다. 그리고 조지 3세가 사망하자 조지가 조지 4세로 즉위하였습니다. 조지 4세 이후에는 동생 윌리엄 4세가 즉위하여 1837년까지 재위하였습니다. 조지 4세와 윌리엄 4세의 시대에는 산업혁명으로 변화된 사회 정세에 발맞추어 선거제도의 개혁과 노동 환경의 개선 등 사회 구조를 재정비하기 위한 다양한 변혁이 이루어졌습니다.

하노버 왕조를 둘러싼 가계도

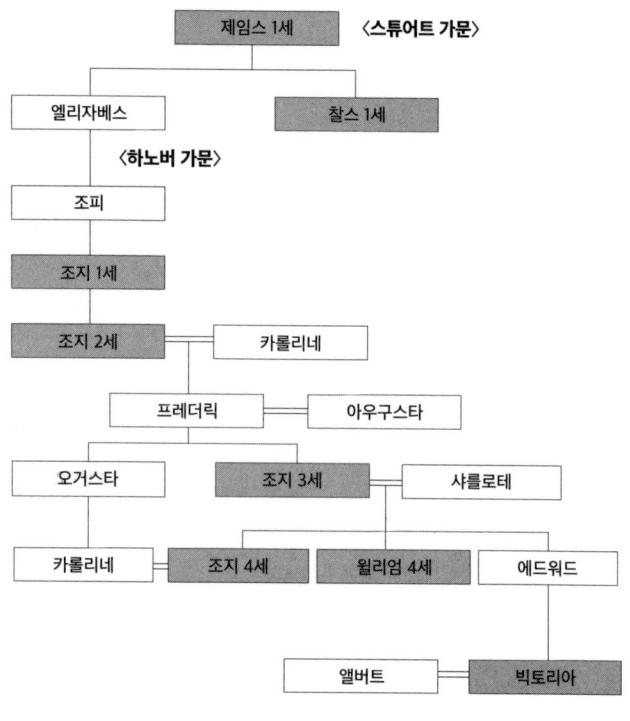

두 개의 섬이 하나의 나라로

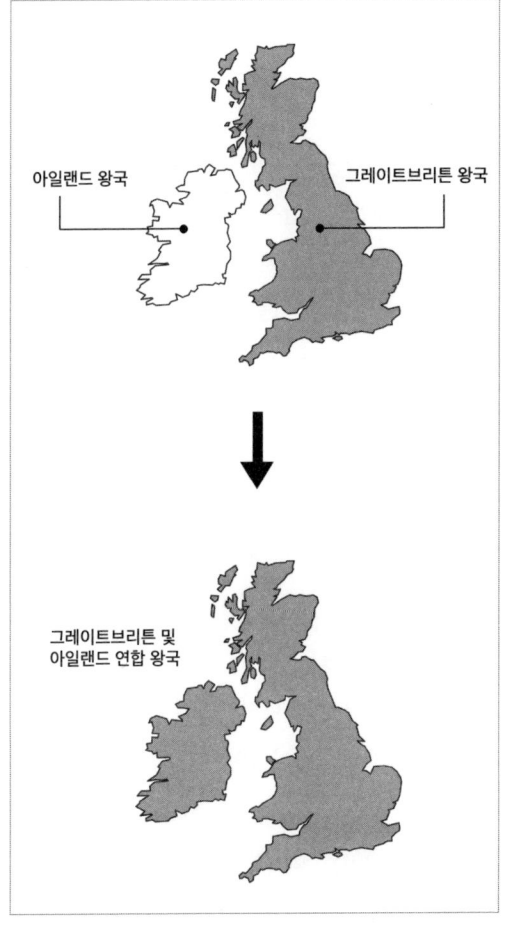

077 귀 때문에 선전포고를 하다?

스페인 왕위 계승 전쟁에서 승리하며 흑인 노예 공급권을 얻은 영국은 무역을 하면서 스페인과의 갈등이 점차 심화되기 시작합니다. 1738년 영국의 서민원에서 한 남자가 참고인으로 호출되었습니다. 남자의 이름은 로버트 젠킨슨으로, 영국 무역선의 선장이었습니다. 그는 서인도 제도의 쿠바 앞바다에서 스페인 해안 경비대에게 부당한 이유로 붙잡혀 구금되었다고 호소했습니다. 그때 스페인 경비대에게 잘렸다며, 자신의 한쪽 귀를 증거로 제출합니다.

크게 분노한 영국 의원들은 '미국 수역에 배를 띄우는 것은 영국 신민의 정당한 권리'라고 결의합니다. 그 결의에 따라 총리였던 월폴은 전쟁을 결정하고, 1739년 스페인에 선전포고합니다. 이 전쟁을 '젠킨슨의 귀 전쟁'이라고 부릅니다.

실제로는 영국이 위트레흐트 조약에서 인정받은 권리를 이용해 밀무역을 하고 있었고, 스페인의 해안 경비대가 밀무역 혐의로 젠킨슨의 배 전체를 붙잡은 것입니다. 게다가 귀는 이때 잘린 것이 아니라는 설도 있습니다. 어쨌든 월폴이 총리로 있으며 한동안 전쟁에 참여하지 않았던 영국은 이 전쟁을 계기로 유럽 대륙과 각 식민지의 전쟁에 관여하게 됩니다.

078 수많은 전쟁 끝에 빼앗은 식민지

젠킨슨의 귀 전쟁이 1740년에 발발한 오스트리아 왕위 계승 전쟁과 결합하면서, 전쟁은 유럽 각지로 불똥이 튀게 됩니다. '오스트리아 왕위 계승 전쟁'은 대대로 신성 로마 제국의 황제를 배출하던 오스트리아 합스부르크 가문의 가독을 황제의 딸인 마리아 테레지아에게 상속하는 것을 허용할 것인지를 놓고 오스트리아와 프로이센이 대립하면서 시작되었습니다. 이때 영국이 오스트리아를 지원하고, 프랑스와 스페인이 프로이센을 지원하였습니다.

유럽 대륙에서 오스트리아 왕위 계승 전쟁이 벌어지는 한편, 영국은 프랑스와 식민지 지배권을 둘러싸고 북아메리카 대륙에서 '조지 왕 전쟁'을, 인도에서 '제1~3차 카르나티크 전쟁'을 벌입니다.

1748년 독일의 아헨이라는 마을에서 강화 회의가 열려, 각국이 마리아 테레지아의 가독 상속을 인정하고 오스트리아는 영지의 일부를 넘겨줌으로써 오스트리아 왕위 계승 전쟁이 종결되었습니다.

하지만 전쟁의 불씨는 꺼지지 않은 채, 1756년 '7년 전쟁'이 발발합니다. 오스트리아와 프로이센의 대립 구도는 변하지 않았습니다. 하지만 이번에는 영국이 프로이센을 지원하고, 프랑스와 러시아가 오스트리아를 지원하였습니다.

동시에 북아메리카와 인도의 각 식민지에서 영국과 프랑스의 전쟁도 일어나, 전 세계적으로 전쟁이 확산됩니다. 북아메리카 지역에서의 전쟁은 '프렌치-인디언 전쟁'이라고 부르며, 영국은 퀘벡과 몬트리올을 점령하며 프랑스와의 전쟁에서 승리합니다. 1763

18세기 중반 무렵 영국과 프랑스의 전쟁

전쟁	연도	무대
오스트리아 왕위 계승 전쟁	1740~1748	서유럽
조지 왕 전쟁	1744~1748	북아메리카 대륙
카르나티크 전쟁	1744~1748	남인도
	1750~1754	
	1758~1761	
7년 전쟁	1756~1763	서유럽
프렌치-인디언 전쟁	1754~1763	북아메리카 대륙

년의 파리 조약으로 영국은 프랑스와 스페인으로부터 북아메리카의 식민지를 넘겨받고, 북아메리카 지역에서의 지배권을 확립하였습니다. 인도에서도 영국은 프랑스를 상대로 유리하게 전쟁을 이끕니다. 1757년 플라시 전투에서는 영국은 프랑스의 지원을 받은 인도 벵골 지역의 지도자를 물리치고 승리했습니다. 이로써 인도에서의 영국 패권이 확실해졌습니다. 그리고 파리 조약으로 인도의 일부 도시를 제외한 모든 지역에서 영국의 지배권이 우위에 있다는 것을 프랑스로부터 인정받게 되었습니다. 이로써 광활한 식민지를 손에 넣은 영국은 '제1제국'이라 불리는 식민지 제국을 완성하였습니다.

079 보스턴 차 사건

하노버 왕조에서 첫 영국 태생의 왕이었던 조지 3세는 선대 왕들보다 영국의 이해관계에 관심이 있었습니다. 조지 3세는 최측근들을 중용했으며, 또 휘그당이 시키는 대로 하는 선대 왕에 불만을 품고 있었기에 토리당을 요직에 앉혔습니다. 이로써 50년에 걸쳐 영국 정치를 좌지우지하던 휘그당의 지배가 마침표를 찍습니다.

이 시기의 영국은 대외 전쟁에서 계속 승리하여 북아메리카 대륙과 인도에서 광대한 식민지를 손에 넣습니다. 그러나 전쟁에서는 승리했어도, 잦은 전쟁으로 인한 지출 때문에 막대한 빚이 남아 있었습니다.

조지 3세는 빚을 갚기 위한 자금과 식민지 방위 비용을 북아메리카 대륙의 13개 식민지에 부담시키기 위해 설탕과 인쇄물에 세금을 부과합니다. 또한 톤젠드 조례^{Townshend Acts}를 제정합니다. 이는 식민지가 외지와 무역할 때 부과되는 관세법으로, 유리, 종이, 차 등에 대한 과세가 결정됩니다.

게다가 차 조례^{Tea Act}가 제정되어, 영국 동인도 회사만 북아메리카 식민지에 대한 차의 관세를 면제받았습니다. 그러자 기존에 차를 판매하던 상인들이 피해를 보게 되었고, 식민지 주민들이 크게 분노합니다. 1773년 12월 영국의 과세에 반발한 북아메리카 급진파 시민들이 보스턴 항구에 입항한 영국 동인도 회사의 무역선을 습격하고 차 상자를 바다에 버립니다. 이를 '보스턴 차 사건'이라고 부릅니다.

080 미국 독립 전쟁과 새로운 식민지

보스턴 차 사건으로 영국은 보스턴 항구를 폐쇄하고 매사추세츠주의 자치권을 제한하는 등의 대응책을 내놓았습니다. 식민지와의 대립은 점점 심화되었습니다. 결국 1775년 4월 19일 매사추세츠주 렉싱턴에서 미국의 민병과 영국군의 무력 충돌이 발생하면서 '미국 독립 전쟁'이 시작되었습니다.

영국은 3만 명의 군사를 보냅니다. 북아메리카 식민지(이후 미국)는 1776년 7월 4일에 독립을 선언하지만, 식민지를 잃을 수 없던 영국은 독립을 인정하지 않았습니다. 이 독립 선언은 17~18세기에 걸쳐 활약한 영국의 철학자이자 사상가인 존 로크의 영향을 받았습니다. "인간은 태어날 때부터 완전한 자유를 가지며 모두 평등하고 다른 누구에게도 제약받지 않는다."라는 로크의 자연법사상을 바탕으로 선언을 만들었기 때문입니다.

독립 전쟁의 초기에는 영국군이 우세하였지만, 1777년 새러토가 전투에서 영국군이 대패하면서 전세가 역전되었습니다. 프랑스와 스페인의 지원을 받은 미국은 기세가 더욱 올랐으며, 1781년 요크타운 전투에서 미국, 프랑스 연합군에게 패한 영국군은 결국 항복합니다. 그 2년 후 1783년에 파리 조약에 의해 영국은 미국의 독립을 공식적으로 승인하였습니다.

1763년 파리 조약으로 영국은 광대한 식민지를 손에 넣었지만, 1783년 파리 조약으로 식민지로서의 미국을 잃었습니다. 제1제국 시대는 이렇게 끝을 맺습니다. 그래도 영국은 새로운 식민지를 늘려 나갑니다. 1769년에는 해군 장교였던 제임스 쿡이 뉴질랜드에 상륙하였으며, 1770년에는 호주 대륙에 도착해 두 곳 모두 영국이 영유할 것을 선언하며 그 기세는 꺾이지 않았습니다.

081 산업혁명의 그늘과 사회보장제도

영국에서는 농업 혁명으로 식량과 인구가 늘어나고, 늘어난 인구는 산업혁명으로 지어진 수많은 공장에서 일하는 노동자가 됩니다. 또한 노동자뿐만 아니라 동시에 공장을 경영하는 자본가라는 새로운 사회 계층이 나타났습니다.

그리하여 18세기 중반 영국은 유럽에서도 손꼽히는 공업국이 되었습니다. 다만 선거제도에 있어서는, 투표권을 갖는 것은 소수의 젠트리로 한정되고 자본가나 노동자는 선거에 참여할 수 없었습니다. 1780년 무렵에는 요크셔에서 선거구의 평등, 남성의 보통선거권, 의원에게 지급되는 세비 등 의회 개혁을 요구하며 '요크셔

운동'이 일어났습니다. 이는 나중에 '차티스트 운동'이라고 불리는 개혁 운동으로 이어집니다.

선거제도뿐만 아니라 노동자의 환경을 개선하기 위한 개혁도 시행됩니다. 1802년에는 세계 최초로 '공장법(도제법)'이 제정되었습니다. 공장에서 일하는 아동을 보호하기 위해 노동 시간을 제한하는 법률입니다. 그러나 내용이 충분하지 않아서 이후에도 공장법은 여러 번 다시 제정됩니다.

1819년에는 사회 운동가 로버트 오웬의 노력으로 9세 이하 어린이의 노동을 금지하고, 16세 이하의 소년공은 하루 노동 시간을 12시간으로 제한한다는 '방적공장법'이 제정되었습니다. 하지만 실질적인 효력을 발휘하기 위해서는 1833년 제정된 '일반공장법'까지 기다려야만 했습니다.

가난한 사람들을 지원하는 제도도 마련됩니다. 이전까지는 그 지역의 교회나 빈곤자 수용 시설 등이 가난한 사람들을 도와주었는데, 산업혁명이 진행되자 국가가 중앙 구빈 행정국을 설치해 대응하였습니다. 국가가 노동자와 빈곤자의 생활을 보장하는 구조는 오늘날의 사회보장제도의 선구가 되었다고 할 수 있습니다.

082 빅토리아 여왕 시대의 변화

1837년 윌리엄 4세가 사망하고 조카 빅토리아가 영국 여왕으로 즉위합니다. 빅토리아 여왕은 웨스트민스터 구에 있는 건물에서 살게 되는데, 이것이 바로 현재 영국 왕가의 공식 궁전인 '버킹엄 궁전'입니다. 1834년 화재로 대부분이 소실된 웨스트민스터 궁전은 20년의 세월에 걸쳐 재건됩니다. 오늘날 런던의 상징인 '빅 벤' 시계탑도 재건된 웨스트민스터 궁전에 설치되어 있습니다.

조지 1세부터 윌리엄 4세까지의 영국 왕은 하노버 왕국과의 동군연합으로 하노버 왕의 칭호도 겸했지만, 하노버 왕은 여성이 이을 수 없었기 때문에 빅토리아 여왕이 하노버 왕의 칭호를 포기하면서 영국과 하노버의 동군연합은 해소됩니다.

18세기 중반부터 이어진 산업혁명에 의한 영국의 경제 성장도 19세기에 접어들면서 정체기가 찾아옵니다. 이에 따라 산업혁명으로 나타난 사회의 모순을 해결하고 노동자의 대우를 개선하려는 움직임이 활발해집니다.

18세기 후반부터는 자본가와 노동자의 이해관계 대립으로, 노동자가 공장의 기계를 파괴하는 '러다이트 운동'이 각지에서 발생합니다. 노동자들은 분노하며 기계를 부수었고, 정부의 단속으로 수그러들었습니다. 그 후 노동자가 단결하고 자본가와 협상하여 노동 조건을 개선하는 노동 운동이 전개됩니다. 이른바 '노동조합'의 탄생입니다. 원래는 노동 운동이 금지되어 있었으나, 1871년에 '노동조합법'이 제정되면서 파업권 등이 인정되었습니다.

083 영국의 식민지 정책과 아편 전쟁

영국은 19세기 중반까지 뉴질랜드, 호주, 캐나다 등의 식민지를 획득합니다. 빅토리아 여왕 시대에는 광대한 식민지에서도 다양한 움직임이 있었습니다. 이 무렵 영국에서는 청나라(중국)에서 수입하는 찻잎의 수요가 늘어나 무역에서 적자가 생기는 상황이었습니다.

이를 개선하기 위해 영국은 청나라 정부 몰래 인도에서 생산한 마약인 아편을 청나라에 팔기 시작합니다. 이에 따라 청나라에서는 아편에 중독된 사람들이 많아지며 중대한 사회 문제가 됩니다. 또한 아편 수입에 은을 지불하면서 대량의 은이 영국으로 유출되며 경제 문제가 발생합니다. 청나라 정부가 아편을 단속하기 시작했고, 결국 1840년 '아편 전쟁'이 발발합니다.

아편 전쟁에서 영국은 압도적인 군사력으로 청나라를 격파합니다. 이 승리로 영국은 1842년 청나라와 난징 조약을 맺고, 홍콩섬의 지배권을 넘겨받습니다. 영국 국내에서는 무력을 이용한 포함 외교가 비난을 받았으나, 영국은 외교 수단으로써 포함 외교를 포기하지 않았습니다.

084 '영광스러운 고립'

1851년 런던에서 빅토리아 여왕의 남편 앨버트 공의 제안으로 세계박람회(엑스포)가 개최되었습니다. '세계의 공장'이라 불리던 당시 영국의 공업력과 풍요로움을 대내외에 선보이는 것이 목적이었습니다.

1850년대부터 1870년대까지 영국은 '브리튼(영국)에 의한 평화'를 의미하는 '팍스 브리태니카 Pax Britannica'의 시대로 불렸습니다. 영국이 막강한 군사력과 풍부한 자금력, 산업력으로 다른 나라를 압도하고, 세계 각지에서는 전쟁이 일어나도 유럽 전역과 세계를 아우르는 전쟁은 일어나지 않아 평화가 유지되던 시대였습니다.

그 후의 유럽 대륙이 독일, 이탈리아, 오스트리아에 의한 '삼국동맹', 프랑스, 러시아에 의한 '프러 동맹'에 의해 정세가 균형을 이

루게 되자, 팍스 브리태니카에 그늘이 생깁니다. 그럼에도 영국은 군사력과 경제력을 바탕으로 어느 나라와도 동맹 관계 등을 맺지 않는 외교를 관철하며 식민지 경영에 주력하였습니다. 이 외교 방침을 '영광스러운 고립'이라고도 부릅니다.

085 대영 제국의 번영은 영원할까?

1867년 영국은 캐나다의 자치를 인정하고, 자치령으로서 캐나다 연방을 설립합니다. 영국이 식민지의 자치를 인정한 것은 캐나다가 최초입니다. 이로써 캐나다는 국가 원수로 영국 국왕을 두고 외교와 국방은 영국의 통치하에 놓여 있었지만, 정부와 의회를 구성해 스스로 내정을 할 수 있게 되었습니다.

시대를 거슬러 올라가, 1853년에는 크림 전쟁이 발발합니다. 당시 약해진 오스만 제국(오늘날 튀르키예)을 둘러싸고 지중해까지 남하하고 싶은 러시아와, 러시아의 남하를 막고 싶은 프랑스와 영국이 튀르키예를 지원한 전쟁입니다.

반면 이집트에서는 프랑스 외교관 페르디낭 드 레셉스에 의해 수에즈 운하가 건설되고 있었습니다. 지중해와 인도양을 직접 잇는 수에즈 운하는 인도를 지배하는 영국에 있어 간과할 수 없는 해운의 요충지였습니다. 1869년 수에즈 운하가 완성된 후, 1875년 영국은 이집트의 재정난을 틈타 수에즈 운하 운영 회사의 주식을 대량으로 취득하여, 수에즈 운하의 소유권을 갖고 이집트 지배를 강화합니다. 그리고 1881년 일어난 무장봉기를 진압하고, 이집트를 식민지로 삼았습니다.

영국은 인도에 대한 지배도 강화합니다. 1857년 동인도 회사의 인도 용병인 '세포이'가 반란을 일으킵니다. 처음에 영국은 무굴 제국을 보호하면서 인도를 지배해 나갔지만, 반란을 계기로 멸망한 무굴 제국을 대신하여 1877년에 빅토리아 여왕이 인도 황제를 겸

함으로써 영국 지배에 의한 인도 제국이 성립되었습니다.

이처럼 식민지 지배를 강화하는 영국이었으나 1873년, 1879년, 1890년에 경제 공황이 닥치면서 성장에도 그늘이 드리웠습니다. 게다가 독일이나 미국 같은 신흥국이 산업혁명을 거쳐 경제 성장을 하면서, 다른 나라로부터 저렴한 식량과 물자가 영국으로 대량 유입되어 국내 경제가 큰 타격을 받았습니다. 세계의 공장으로 군림하던 대영 제국의 번영은 오래 지속되지 않았습니다.

칼럼 세계 최초의 철도와 지하철

철도를 통해 식민지를 효율적으로 경영하다

철제 레일 위에 바퀴를 올려 차량을 달리게 하는 구조는 마찰이 매우 적고 에너지 효율이 좋아 무거운 토사나 암석을 운반해야 했던 광산에서 오래전부터 사용되었습니다. 이러한 수송 차량이 철도의 발상이라고 할 수 있습니다. 이 무렵 철도의 동력은 주로 말이었습니다.

18세기 증기 기관이 발명된 후 순식간에 증기 기관차가 보급되었습니다. 증기 기관차로 물자(석탄)를 운반하는 세계 최초의 철도

1830년대 영국의 철도망

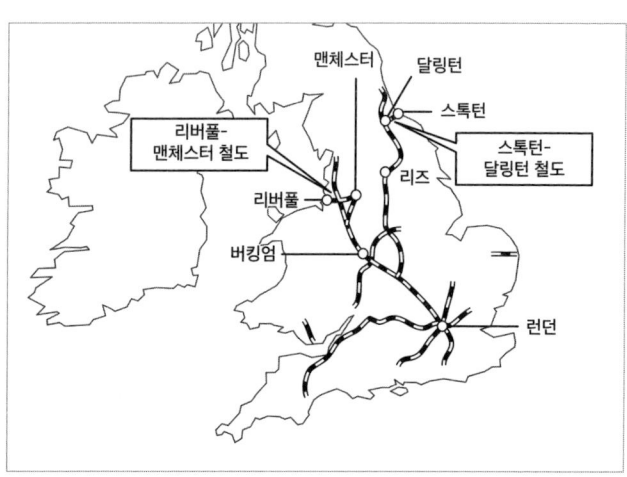

는 1825년의 '스톡턴-달링턴 철도'이며, 증기 기관차로 사람을 실어 나르는 세계 최초의 철도는 1830년의 '리버풀-맨체스터 철도'라고 알려져 있습니다.

철도의 등장으로 사람의 이동이 활발해질 뿐만 아니라, 공장에서 생산된 상품이 효율적으로 유통되면서 국민은 국가로서의 일체감을 강하게 느끼게 되었습니다. 영국은 1840년대에 '철도광 시대'라고 불릴 정도로 철도 부설의 붐이 일어났습니다. 그리고 식민지에서도 대량의 인력과 물자를 투입하고 수송할 필요가 있었기에 차례차례 철도를 건설하였는데, 이렇게 철도망은 영국 본국에 머무르지 않고 세계로 뻗어 나갔습니다. 또한 철도는 도시와 도시를 연결하는 것뿐만 아니라 도시 내에서의 교통수단이 되었습니다.

1863년 런던에 세계 최초의 지하철이 개통되었습니다. 당시 런던은 인구가 급증하였고 지상은 마차가 지나다니며 혼잡했기에, 열차가 지하에서 달리게 된 것입니다.

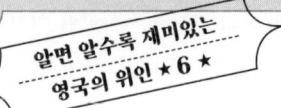

추리 소설이라는 장르를 확립한 작가, 코난 도일

작품은 영국 사회에서 탄생했다

깊은 모자에 파이프를 물고, 차례차례 어려운 사건을 해결해 나가는 탐정 셜록 홈스. 그가 등장하는 작품은 추리 소설의 원조로서 많은 사람에게 사랑받고 있습니다. 스코틀랜드에서 태어난 작가 코난 도일은 대학에서 의학을 공부한 뒤 진료소를 개원했고, 한가한 시간에 소설을 쓰기 시작했습니다. 이때 쓴 셜록 홈스 시리즈 제1편 《주홍색 연구》가 큰 인기를 끌었습니다.

추리 소설이라는 장르는 1830년대 영국에서 경찰이 범죄를 수사하는 경찰 제도의 탄생이 바탕이 되었습니다. 게다가 이 무렵 런던은 산업혁명으로 인한 인구의 급격한 증가로 치안이 나빠져 범죄가 증가하고 있었다는 점도 배경에 있습니다. 도일은 추리 소설뿐만 아니라 다른 장르의 소설도 많이 썼는데, 그중에서도 SF 소설 《잃어버린 세계》가 유명합니다.

Chapter 7

두 번의
세계대전

086 새로운 라이벌은 누구일까?

20세기의 시작과 함께 빅토리아 여왕을 대신해 에드워드 7세가 즉위하였습니다. 이에 따라 '하노버 왕조'는 에드워드 7세의 아버지였던 앨버트 공의 가문 이름을 따 '작센 코부르크 고타 왕조'로 바뀝니다.

에드워드 7세는 남아프리카 전쟁(보어 전쟁)으로 인해 약화된 국력과 러시아나 독일과의 대립을 고려해, 영국의 '영광스러운 고립'이라는 기존 외교 방침을 바꾸고 여러 나라와 협력을 도모하였습니다.

먼저 러시아에 대항하기 위해 1902년 일본과 '영일 동맹'을 맺습니다. 러시아는 19세기부터 남하정책으로 중앙아시아 남쪽으로 세력을 확장하여 아프가니스탄을 실질적으로 지배하고 있던 영국과 자주 충돌했습니다. 이 러시아와 영국의 대립을 '그레이트 게임'이라고 부릅니다. 또한 극동의 블라디보스토크 등에서 해군력을 증강한 러시아는 태평양에서의 영국의 활동을 위협하였습니다. 이에 영국은, 마찬가지로 러시아의 세력 확대를 두려워하는 일본과 동맹을 맺은 것입니다.

1904년 러일 전쟁이 발발하자, 러시아는 유럽 군항에서 극동으로 발틱 함대를 파견하였습니다. 함대는 긴 항해를 위해 중간에 연료 등을 보급해야 했는데, 영국은 아프리카나 아시아 각지에 있는 영국 식민지에 발틱 함대가 기항하는 것을 거부하였습니다. 이러한 영국의 협력으로, 이듬해 일본은 러일 전쟁에서 승리합니다.

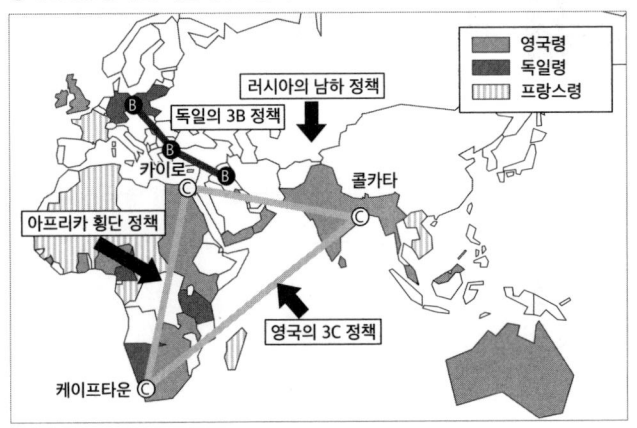

한편 19세기 내내 영국과 프랑스는 아시아와 아프리카에서 식민지 획득 경쟁을 계속했는데, 20세기 초에는 양국의 세력권이 거의 확정됩니다. 그에 의해 러일 전쟁과 같은 시기, 영국은 프랑스와 우호 조약인 '영불 협상'을 맺습니다. 러일 전쟁에서 패한 러시아는 태평양에서의 세력 확대를 일시적으로 포기하고 영국과의 관계 개선을 도모하였으며, 1907년 영국과 '영러 협상'을 맺었습니다.

이러한 일련의 외교 성과로 에드워드 7세는 '평화를 가져오는 자'라고 불렸습니다. 그러나 러시아를 대신해 독일과의 대립이 시작됩니다. 예전부터 영국은 이집트의 카이로, 남아프리카의 케이프타운, 인도의 콜카타를 연결하는 무역 루트를 강화하는 '3C 정책'을 추진하고 있었습니다. 이에 맞서 독일은 자국의 수도 베를린, 오스만 제국의 비잔티움, 아라비아반도의 바그다드를 연결하는 무역 루트를 강화하는 것이 목표였습니다. 독일의 '3B 정책'이 영국의 3C 정책과 대립하게 됩니다.

087 제1차 세계대전

영국과 독일의 대립이 깊어지는 가운데, 1906년 영국 국내에서는 신흥 상공업자의 지지를 받아 자유당 내각이 출범합니다. 자유당 정권은 자유 무역을 추진하는 한편, 노령 연금이나 국민 보험 등을 강화하였습니다. 이러한 복지 정책에는 노동자 계급의 생활을 안정시킴으로써 노동자가 폭력적인 혁명을 일으키지 못하도록 방지하는 측면이 있었습니다.

이 무렵 유럽에서는 러시아와 오스트리아가 발칸반도의 패권을 둘러싸고 심각한 대립을 이어가고 있었습니다. 러시아는 영국, 프랑스와 '삼국 협상'을, 오스트리아는 독일, 이탈리아와 '삼국 동맹'을 맺었습니다. 1914년 삼국 협상을 중심으로 한 연합국과 삼국 동맹을 중심으로 한 동맹국이 충돌하면서 '제1차 세계대전'이 일어났습니다.

영국은 영일 동맹을 바탕으로, 태평양에서 독일의 함대를 공격하라고 일본에 요청하였습니다. 일본군은 중화민국에 있던 독일 조차지인 칭다오 요새를 점령합니다.

제1차 세계대전이 예상보다 길어지면서 전투기와 잠수함, 유독가스 등의 신무기가 투입되었습니다. 독일은 1915년부터 폭탄을 실은 비행선으로 런던을 공습하였고, 시민들은 역사상 선례 없는 야만성을 경험하며 혼란에 빠졌습니다.

영국에서는 18세부터 41세까지의 남성을 대상으로 최초로 징병제를 시행하였습니다. 성인 남성이 군대에 가면서 공장이나 상업

시설 등에는 여성 노동자가 증가하게 됩니다. 또한 군인뿐만 아니라 모든 국민이 전쟁에 동원되며 총력전 체제를 취하게 됩니다.

영국 국민들 사이에서 반독일 정서가 고조되면서 1917년에는 독일계에서 유래한 '작센 코부르크 고타'라는 왕조의 이름은 '윈저 왕조'로 바뀌었습니다. 이는 윌리엄 1세 이후 잉글랜드 왕실이 이어 온 지명에서 착안하였으며, 오늘날 '윈저성'은 영국 국왕이 주말에 머무르는 곳으로 사용되기도 합니다.

088 갈등의 불씨를 남긴 '거짓말 외교'

영국은 중동에서 오스만 제국의 세력을 약화시키기 위해 오스만 제국의 지배를 받는 아랍인들의 독립운동을 지원합니다. 제1차 세계대전이 진행 중이던 1915년 10월 영국은 메카의 통치자 후세인과 '후세인-맥마흔 서한'을 맺습니다. 이는 오스만 제국에 맞서 반란을 일으킨다는 조건으로 아랍인의 독립을 인정하는 것입니다.

그런데 1917년 영국은 유대계 자산가의 협조를 얻기 위해 팔레스타인(오늘날 이스라엘)에서의 유대인 국가 건설을 지지하는 '밸푸어 선언'을 발표합니다.

그러나 1916년 영국은 동맹국인 프랑스, 러시아와 중동 분할을 비밀리에 약속하는 '사이크스-피코 협정'을 맺었습니다. 이를 두고 중동을 둘러싼 영국의 '거짓말 외교'라고 부르게 되었습니다.

결국 제1차 세계대전 이후, 중동은 영국이나 프랑스 등 강대국의 편의에 따라 관리되었습니다. 게다가 현지 아랍인의 양해를 구하지 않은 채, 유대인들이 팔레스타인에 정착하기 시작합니다. 1948년 이스라엘이 건국되면서, 유대인과 아랍인의 대립은 오늘날에 이르기까지 심화하였습니다.

제1차 세계대전의 장기화로 국민의 생활이 곤궁해진 러시아는 1917년 러시아 혁명이 일어나 제국주의 정권이 타도됩니다. 그리고 이듬해 탄생한 사회주의 정권 아래 독일과 단독으로 강화조약을 맺습니다. 이후 혁명 후의 러시아를 중심으로 자캅카스, 우크라

모순되는 외교 정책

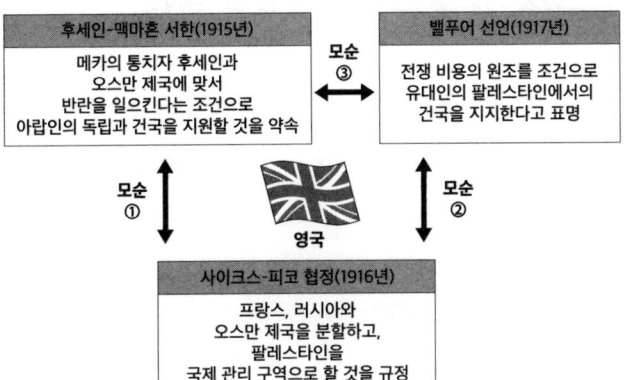

이나, 벨라루스의 각 공화국이 통합하여 1922년 '소비에트 사회주의 공화국 연방(소련)'이 탄생합니다.

전쟁이 발발한 이후 미국은 중립의 입장에서 유럽의 정세를 지켜보고 있었습니다. 그러나 연합국에 물자를 보내는 미국 민간선까지 차례로 공격하는 독일 해군으로 인해 미국인들이 희생되었고, 결국 미국도 연합국 진영에서 제1차 세계대전에 참전합니다.

이렇게 엄청난 공업력을 가진 미국이 참전한 데다가 독일에서 독일 혁명이 일어나 제국주의 정권이 무너지고 공화국이 탄생하면서 제1차 세계대전은 1918년에 연합국의 승리로 끝났습니다.

089 보통선거와 노동당 집권

제1차 세계대전 당시 식민지를 포함한 영국의 전사자 수는 80~90만 명에 달했습니다. 총력전을 펼친 영국은 그 어느 때보다 국력을 소진했기에, 전쟁 후의 국제사회에서는 영국이 아닌 미국의 영향력이 급속도로 커집니다.

영국과 프랑스는 대전 중 전쟁 비용 조달을 위해 미국에서 많은 자금을 차입했습니다. 이를 메우기 위해, 1919년에 열린 '파리 강화 회의'에서는 패전국 독일에 거액의 배상금을 부과합니다. 최종 금액은 1,320억 금 마르크(금 4만 7,256톤)로, 처음 계획대로라면 완납까지 약 60년이 걸린다는 계산이었습니다. 유명한 영국의 경제학자 존 메이너드 케인스는 파리 강화 회의에 영국 재무부 대표로 참가하여 과대한 배상금을 비판하였습니다. 독일 국민들 사이에서는 연합국에 대한 불만이 점점 심해졌고, 훗날 나치 정권이 탄생합니다.

제1차 세계대전을 계기로 영국 국내 정치에도 큰 변화가 찾아옵니다. 징병으로 끌려간 성인 남성을 메우기 위해 여성의 사회 진출과 정치적 발언이 확대되었습니다. 1918년에는 제4회 선거법 개정으로 여성의 참정권이 처음으로 인정됩니다. 다만 세대주가 된 30대 이상의 여성이나 세대주의 아내만 인정되는 조건부 참정권이었습니다. 그리고 1928년 제5회 선거법 개정으로 21세 이상의 남녀 보통선거가 실시됩니다.

또한 전쟁으로 인해 공업 종사자가 증가하고 러시아에서 일어난 사회주의 혁명의 영향으로 노동자의 처우 개선과 충실한 사회 보장을 요구하는 운동이 활발해집니다. 이는 영국 의회에도 영향을 미칩니다. 19세기 이후의 보수당과 자유당의 양당 체제가 무너지고 1924년 노동조합 대표 회의를 전신으로 하는 '노동당'이 처음으로 정권을 잡았습니다. 이후 자유당을 대신해 노동당과 보수당의 양대 정당이 정계를 좌우하게 되었습니다.

090 독립의 물결과 영연방의 시작

1914년 영국에서는 아일랜드의 자치를 허용하는 법안이 통과되었는데, 제1차 세계대전의 발발로 영국이 아일랜드 주민에게 복종과 협력을 요구하면서 자치법의 시행은 연기됩니다. 1916년 이에 반발하는 아일랜드의 신페인당이 '부활절 봉기'를 일으켰습니다. 아일랜드 주민 중 대다수는 봉기에 무관심했지만, 영국 정부가 봉기를 진압하고 신페인당을 철저히 탄압하면서 아일랜드 주민들 사이에 영국 정부에 대한 강한 불만이 확산됐습니다. 그리고 1919년 아일랜드 독립 전쟁이 발발하였습니다.

독립 전쟁은 1921년 아일랜드 국민의회와 영국 정부 사이에 영애 조약이 체결되면서 종결되었습니다. 이 조약을 바탕으로 영국이 아일랜드의 자치를 인정하면서, 1922년 아일랜드는 자치령 '아일랜드 자유국'이 됩니다.

다만 프로테스탄트가 많은 북아일랜드의 6개 주는 영국령에 머물렀습니다. 이에 따라 1927년 영국의 정식 국명은 '그레이트브리튼 및 북아일랜드 연합 왕국'으로 개칭되었습니다. 현재도 외교 문서에서는 이 명칭이 사용됩니다.

제1차 세계대전을 계기로 러시아, 독일, 오스트리아, 튀르키예, 네 제국이 붕괴되고, 이전까지 강대국의 지배하에 놓여 있던 민족의 정치적 자립을 목표로 하는 '민족 자결주의'가 세계적으로 확산됩니다. 이에 아일랜드뿐만 아니라 인도 등의 해외 식민지에서도 독립을 요구하는 목소리가 높아졌습니다.

중동과 아시아에서는 독립운동이 격화되었으며, 영국의 지배하에 놓여 있던 아프가니스탄은 1919년에 독립합니다. 마찬가지로 1922년에는 이집트도 독립하는데, 수에즈 운하의 이권은 계속해서 영국이 가지고 있었습니다. 그 외에도 이란, 이라크 등의 국가들이 차례차례 영국의 영향력으로부터 벗어났습니다.

영국 식민지 중에서도 특히 인도는 제1차 세계대전에서 대량의 군인과 노동력을 영국에 제공했기에, 그 대가로 자치권 확대를 요구하는 목소리가 높았습니다. 1929년에는 인도의 독립운동을 주도해 온 인도 국민 회의가 자치권 확대에서 더 나아가 영국으로부터 완전 독립의 요구를 결의합니다. 인도 국민 회의의 간부였던 마하트마 간디는 영국에서 유학하고 남아프리카에서 변호사로 일했던 경험도 있어 법률 지식도 풍부했습니다. 간디는 '비폭력 불복종' 투쟁을 촉구하며 영국 제품의 불매 운동 등을 전개하였습니다.

마찬가지로 영국의 식민지로, 백인 이민자에 의해 자치 정부가 세워진 캐나다, 호주 등도 제1차 세계대전 당시 영국에 협력했기에 영국 본국과 대등한 지위를 요구하는 목소리가 높아집니다.

이에 따라 1931년 영국 회의에서 '웨스트민스터 헌장'을 발표했습니다. 기존의 식민지를 영국 본국과 대등한 독립국으로 인정한 후 영국 국왕을 수장으로 하는 국가 연합$^{Commonwealth\ of\ Nations}$을 형성하는 것으로, 캐나다, 호주, 뉴질랜드, 남아프리카 연방, 아일랜드 자유국 등이 참가하였습니다. 이를 '영국 연방(영연방)'이라고도 부릅니다. 훗날 제2차 세계대전 이후에는 새롭게 독립한 인도, 싱가포르, 파푸아뉴기니, 가나, 케냐, 나이지리아 등 아시아와 아프리카 국가들이 포함되었습니다.

영국을 중심으로 한 새로운 국가 연합

- 캐나다 연방
- 아일랜드 자유국
- 뉴펀들랜드 섬
- 남아프리카 연방
- 호주 연방
- 뉴질랜드

091 전쟁의 반동으로 찾아온 평화

제1차 세계대전으로 각국은 수많은 전사자와 막대한 피해를 입었기에, 국제적으로 반전 분위기가 확산됩니다. 1920년에는 미국 대통령 윌슨의 제창으로 국가 간 분쟁을 논의하고 해결하기 위한 국제기구로서 '국제연맹'이 출범하여, 영국을 비롯한 여러 국가가 가입했습니다.

나아가 1920~1930년대에는 각국에서의 군함 제조 경쟁을 억제하기 위해 '워싱턴 해군 군축 회담'과 '런던 해군 군축 회담'이 개최되면서 해군력의 균형이 맞춰졌습니다. 다만 일본은 영국과 미국보다 해군력이 낮게 설정되어 있었기에 일본은 불만을 품었는데, 이것이 훗날 일본과 미국·영국이 대립하는 하나의 요인이 됩니다.

제2차 세계대전이 일어나기 전 평화로운 1920~1930년대에는 대중 오락 문화가 발달하였습니다. 1922년부터 라디오 방송이 시작되었고, 그 5년 후에는 국영 방송사인 BBC가 출범하였습니다. 많은 국민이 라디오를 듣게 되었고 음악, 스포츠 중계, 라디오 드라마 등의 프로그램이 등장하였습니다. 게다가 BBC는 1936년 세계 최초로 텔레비전 방송을 시작합니다. 그리고 1950년대에 본격적으로 텔레비전이 보급되기 시작합니다.

또한 19세기부터 영국의 작가 코난 도일의 《셜록 홈스》 시리즈가 대중적인 사랑을 받습니다. 또한 영화관이 잇달아 신설되면서 미국 영화가 대량으로 수입되었으며, 영국에서 미국으로 이민 간 희극 배우 찰리 채플린 등의 작품이 인기를 끌었습니다.

092 세계 대공황과 블록 경제

세계적으로 평온한 분위기가 이어지던 1929년 미국 뉴욕 증권 거래소에서 주가 대폭락을 계기로 '대공황'이 시작됩니다. 각국의 기업들이 투자를 자제하고 수출입이 부진하게 되면서 불경기가 확산되었습니다.

이런 가운데 영국은 1932년 캐나다와 호주 등 영국 연방에 가입한 국가들과 오타와 협약을 맺습니다. 이는 영국 연방의 가맹국(영국과 같이 파운드를 통화로 사용하는 나라들)에만 관세를 낮게 설정하고 그 이외의 국가와의 무역을 절제함으로써 영국의 이익을 지킨다는 방침입니다. 이러한 관세 블록이 통화 블록과 결합하여 '블록 경제'가 형성되었습니다.

영국과 마찬가지로 해외에 많은 식민지를 가진 프랑스도 블록 경제 정책을 취했습니다. 반면 공화국이 된 독일은 제1차 세계대전의 패배로 식민지를 빼앗긴 데다가, 배상금 지급과 세계 공황에 의한 경기 악화로 인해 국민의 불만이 높아졌습니다. 히틀러가 이끄는 나치당이 거액의 배상금을 요구한 영국 등의 여러 나라와 대결 태세를 갖추고 배외주의를 외치며 지지를 모아, 1933년 집권했습니다.

093 왕관을 버리고 선택한 사랑

국제적인 긴장이 고조되는 가운데, 영국 왕실에서는 전대미문의 문제가 발생합니다. 1936년 즉위한 에드워드 8세가 미국인이자 기혼 여성인 윌리스 심프슨과 사랑에 빠진 것입니다. 당시 영국의 상류층에서는 허용되지 않는 일이었습니다. 에드워드 8세는 윌리스와 결혼하기 위해 왕위에서 내려왔고, 동생 요크 공작이 조지 6세로 즉위하였습니다. 이 소동은 '왕관을 내려놓은 사랑'이라고 불리며 널리 화제가 되었습니다. 에드워드 8세(퇴위 후는 윈저 공작)는 독일 나치 정권에 호의적이었기 때문에 훗날 왕실과 멀어지게 됩니다.

처음에 영국은 독일과 우호적인 관계를 유지하려고 했습니다. 그래서 독일이 제1차 세계대전에서 프랑스에 빼앗긴 라인란트 지역에 군대를 주둔시키며 영토를 확장하려는 태도를 보여도 영국은 묵인합니다. 또한 1938년 독일은 오스트리아를 합병합니다. 같은 해 영국, 프랑스, 독일, 이탈리아의 수상이 모인 뮌헨 회담에서, 영국 총리 네빌 체임벌린은 독일이 체코슬로바키아의 주데텐란트 지역을 병합하는 것을 인정합니다. 체임벌린은 그 지역을 독일에 양보하면 전쟁을 피할 수 있다고 생각했습니다. 그러나 그 희미한 기대는 배신으로 돌아옵니다.

094 제2차 세계대전

1939년 9월 독일의 폴란드 침공을 시작으로 결국 제2차 세계대전이 발발했습니다. 3년 전, 형 에드워드 8세를 대신해 즉위한 조지 6세는 병약하고 목소리를 내기 어려운 장애가 있었지만, 전쟁 상황에서 강한 통솔력을 발휘합니다.

개전 이듬해 5월 독일군은 눈사태처럼 우르르 프랑스를 침공합니다. 영국 국민이 불안에 떠는 가운데 총리로 취임한 인물이 윈스턴 처칠입니다. 처칠의 할아버지는 명문 귀족인 말버러 공작이었으며, 처칠은 청년기에 육군 군인으로서 남아프리카 전쟁(보어 전쟁)에 참가하고, 제1차 세계대전 초기에는 해군 장관을 맡고 있었습니다. 처칠은 독일과의 대결 태세를 주장하고 있었습니다.

처칠은 즉시 프랑스를 지원하기 위해 군사를 보냈지만, 빠른 전차대와 항공대를 갖춘 독일군은 불과 6주여 만에 파리로 쳐들어가 프랑스를 항복시킵니다. 영국이 파견한 부대와 프랑스 잔존 병력 등 연합군의 남은 군사들은 영국으로 도망쳤습니다.

프랑스의 대부분은 독일에 복종하는 필리프 페탱 원수의 통치하에 놓여 있었지만, 독일에 철저하게 항전하자고 주장한 장군 샤를 드골(훗날 프랑스의 대통령) 등은 '자유 프랑스군'을 결성해 영국의 보호 아래 싸움을 이어갑니다.

독일은 제공권을 빼앗기 위해 도버 해협을 넘어 영국 런던을 공격합니다. 영국 공군은 전력을 다해 독일군을 요격합니다. 이 일련의 대규모 공전을 '영국 본토 항공전'이라고 부릅니다.

독일 공군은 여러 차례 런던을 공격했지만, 조지 6세는 시민들 곁을 떠나지 않고 런던에 머물며 용기를 주었고 국민의 단결력은 높아졌습니다. 런던에서는 지하철 시설을 임시 방공호로 활용하거나 시민들이 경계망을 구축하였습니다. 또한 영국은 다른 어떤 나라보다 빠르게 레이더 감시망을 도입하여 공격에 대비하였습니다.

영국이 계속 저항하자, 독일은 1941년 6월 동부 지역에서 시작된 소련과의 전투에 병력을 집중하기 위해 영국 상륙 작전을 포기합니다. 그러나 제2차 세계대전 후반부에도 독일군은 런던에 대한 공격을 계속해서 시도하며, 런던을 향해 세계 최초의 탄도 미사일인 V2 로켓을 발사하였습니다. 그러나 연합국이 우세하게 돌아선 이후에는 영국군도 독일의 드레스덴 등을 폭격하였습니다.

095 영국 빼고 이야기가 끝났다?

제2차 세계대전이 시작되자 미국은 중립을 지켰습니다. 하지만 점진적으로 영국에 물자를 제공하며 협력했습니다. 1941년 8월 영국의 처칠과 미국 대통령 루스벨트가 만나 '대서양 헌장'을 발표하였는데 이는 영토의 확장 금지, 각국의 경제 협력 등을 담고 있어 전후 국제 질서의 바탕이 되었습니다.

같은 해 12월 일본이 영국과 미국에 선전포고합니다. 1937년 이후 일본은 중화민국과 전쟁을 치르고 있었습니다. 이른바 '중일 전쟁'입니다. 중화민국을 지원한 영국과 미국은 일본과 관계가 악화되었습니다. 일본은 독일과 이탈리아와 동맹을 맺으며 추축국을 형성합니다. 미국은 일본에 중국에서 군대를 철수하라고 요구했지만, 일본이 이를 거부하며 전쟁의 시작을 알렸습니다.

영국은 유럽에서 독일과의 전쟁에 병력을 투입하고 있었기에, 아시아의 일본에 대해 뒤늦게 반격합니다. 일본은 전쟁 시작 후 홍콩, 말레이시아, 싱가포르, 버마(미얀마) 등 영국의 아시아 식민지를 차례로 점령하였고, 인도와 호주에 있던 영국군의 거점도 포격했습니다.

그러나 일본과의 개전을 계기로 미국이 정식으로 참전하면서, 상황은 급격하게 달라졌습니다. 연합군은 유럽 전선에서도 미국으로부터 병사와 무기를 대량으로 제공받아 점점 기세가 올랐습니다. 게다가 독일이 소련의 주요 도시 공략에 실패하면서 연합군은 우위에 서게 되었습니다.

1944년 6월에는 미국과 영국을 중심으로 한 연합군이 독일이 점령하고 있던 프랑스 노르망디에 상륙하였습니다. 그리고 약 2개월 후에 프랑스 파리가 해방되는 데 결정적 기여를 했습니다. 머지않아 독일과 일본도 연합군의 폭격을 받게 되면서 추축국의 열세는 불을 보듯 뻔한 일이었습니다.

1945년 2월 소련령인 얄타에서 연합국의 주요 정상인 영국의 처칠, 미국의 루스벨트, 소련의 스탈린이 얄타 회담을 통해 전후 처리에 대해 논의하였습니다. 얄타 회담에서는 "독일이 항복하고 3개월 뒤, 소련은 일본과의 전쟁에 참전한다."는 비밀 협정이 체결되는데, 이는 루스벨트와 스탈린, 두 사람이 결정하여 후에 처칠에게 통보하였습니다. 이 사건이 상징하듯 전후의 국제사회는 미국과 소련이 주도권을 잡게 되었습니다.

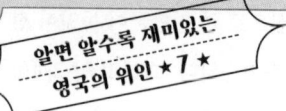

알면 알수록 재미있는 영국의 위인 ★ 7 ★

영국을 승리로 이끈 정치가, 윈스턴 처칠

국민의 투지를 불태워 나라를 지켜내다

역대 영국의 총리 중 영국 국민의 존경을 가장 많이 받는 사람은 아마도 윈스턴 처칠일 것입니다. 처칠은 육군 사관 학교에 진학합니다. 여러 전쟁터를 경험한 후 선거에 입후보해 젊은 나이에 보수당 의원에 당선됩니다. 이후 자유당으로 이적하고, 해군 장관 시기에 제1차 세계대전이 발발하지만 좋은 성과를 내지는 못했습니다.

그 후 보수당으로 복귀했을 때 제2차 세계대전이 발발하면서 의회의 요청으로 총리 자리에 오른 처칠은 나치와의 철저한 항전을 표명합니다. 처칠은 독일군의 폭격을 받은 지역을 직접 둘러보며 국민의 사기를 높이는 데 힘썼으며, 영국은 항복하지 않고 종전을 맞이합니다. 그리고 이후에도 처칠은 의원을 지냈습니다. 덧붙여 제2차 세계대전 후 《제2차 세계대전》이라는 책을 저술하여 노벨 문학상을 수상하기도 하였습니다.

* * * Chapter 8 * * *

21세기의 영국

096 냉전의 상징 '철의 장막'

1945년 5월 독일이 항복하고, 이어 8월 일본이 항복하면서 제2차 세계대전은 연합국의 승리로 끝이 납니다. 영국 국민을 고무시켜 승리로 이끈 처칠은 절대적인 지지를 모았습니다. 그러나 같은 해 7월의 총선거에서 노동당이 압승하면서 보수당의 처칠은 물러나고 새로운 총리인 클레멘트 애틀리 내각이 출범합니다.

사실 전시 상황에서의 처칠 정권은 모든 정당이 결집한 '거국일치 내각'이었기 때문에, 보수당의 처칠이 총리로서 집권하고 있었지만 그 내각에는 노동장 소속의 장관들도 입각하고 있었습니다. 노동당 각료들은 전시 상황에서 식료와 물자를 균등하게 배급하는 등 국민의 생활을 안정시키는 정책으로 신뢰를 얻고 있었습니다.

애틀리 정권은 전후의 부흥을 위해 기간산업의 국유화를 추진하였으며 그 외에도 건강 보험이나 실업 보험, 노령 연금 등 복지 국가로서 사회보장제도를 내걸며 '요람에서 무덤까지', 즉 태어나서부터 죽을 때까지 정부가 국민의 생활을 보장한다는 정책을 내놓았습니다.

반면 전후의 국제사회에서는 자유주의 국가의 중심이 된 승전국 미국과 새롭게 탄생한 사회주의 국가의 중심이 된 소련의 갈등이 심화됩니다. 특히 패전국인 독일은 자유주의인 서독(독일연방공화국)과 사회주의인 동독(독일민주공화국)으로 나뉘며, 냉전의 최전선이 되었습니다.

총리에서 물러난 처칠은 1946년 미국을 방문하여 유럽에는 자유주의 진영에 속하는 프랑스와 서독 등 서유럽 국가와 사회주의 진영에 속하는 폴란드나 체코슬로바키아 등 동유럽 국가 사이에 "철의 장막이 내려졌다."고 말합니다. 이 표현은 전 세계적으로 냉전을 상징하는 말이 되었습니다.

097 더 이상 정당화될 수 없는 식민지

전후 영국을 둘러싼 큰 변화 중 하나는 식민지의 독립입니다. 제2차 세계대전 중에 영국에 군인과 물자를 제공한 식민지 대부분에서 독립을 요구하는 목소리가 높아졌습니다. 전쟁 중에 영국은 일본이나 독일의 제국주의적 영토 확장을 비판하는 상황에서 기존처럼 제국주의를 정당화하기가 어려웠으며 해외에 주둔하는 영국군의 유지 비용이 큰 부담이 되었습니다.

1947년에 인도가 독립합니다. 이때 서부와 동부는 이슬람교도가 많았기 때문에, 힌두교 중심의 인도에서 분리되어 파키스탄이 됩니다. 서파키스탄은 오늘날의 파키스탄, 동파키스탄은 방글라데시가 됩니다. 1948년에는 버마(미얀마)가 독립하였으며 이어서 아시아, 아프리카, 오세아니아 등의 식민지가 차례차례 독립하였습니다.

1952년에는 조지 6세가 사망하고, 엘리자베스 2세 여왕이 즉위하였습니다. 25세에 즉위한 엘리자베스 2세 여왕의 통치 기간은 65년 이상으로, 빅토리아 여왕의 통치 기간을 뛰어넘었습니다.

이 무렵 영국은 소련의 지원을 받는 조선민주주의인민공화국(북한)과 미국의 지원을 받는 대한민국(남한)이 충돌한 한국 전쟁에서 미국과 함께 한국군을 지원하기 위해 출병합니다. 소련은 미국에 이어서 원자 폭탄을 개발하고 있어, 한반도에서의 충돌을 계기로 소련의 위협은 더욱 커졌습니다. 영국은 미국으로부터 전달받

제2차 세계대전 후 독립한 영국의 옛 식민지

	연도	국가
	1946년	요르단
	1947년	인도
	1947년	파키스탄
	1948년	세일론 (오늘날 스리랑카)
	1948년	버마 (오늘날 미얀마)
	1956년	수단
	1957년	말라야 (오늘날 말레이시아)
	1957년	가나
	1960년	나이지리아
	1960년	소말릴란드 (오늘날 소말리아)
	1960년	키프로스
	1961년	쿠웨이트
	1961년	카메룬
	1961년	시에라리온
	1962년	우간다
	1963년	케냐
	1964년	말라위
	1964년	잠비아
	1961년	남아프리카 공화국
	1965년	감비아
	1965년	몰디브
	1965년	로디지아 (오늘날 짐바브웨)
	1968년	스와질란드 (오늘날 에스와티니)
	1971년	바레인
	1971년	카타르
	1971년	아랍에미리트
	1997년	홍콩(중국에 반환)

※ 국기는 2019년 시점 기준

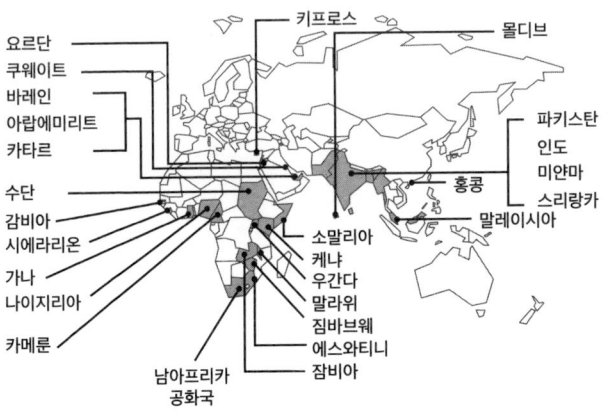

은 기술을 바탕으로 원폭을 보유하여 세계에서 세 번째 핵보유국이 됩니다.

중동에서는 1948년 영국이 위임통치를 하고 있던 팔레스타인 지방에서 유대인 국가인 이스라엘 국가가 성립되었습니다. 그러나 이전부터 그곳에 살고 있던 아랍인들이 강하게 반발하면서 이집트, 시리아, 이라크 등 인근 아랍 국가들 사이에서 '제1차 중동 전쟁'이 발발합니다. 전쟁은 일단 이스라엘의 승리로 끝났지만, 이스라엘군이 점령한 팔레스타인에서 아랍인들이 쫓겨나 수많은 난민이 발생하였습니다.

그리고 머지않아 이집트가 군사 쿠데타로 왕정이 무너지면서 이집트의 대통령으로 가말 압델 나세르가 취임했습니다. 나세르는 이스라엘을 지지하는 미국과 영국 등 자유주의 진영의 강대국을 적대시하며 사회주의 진영인 소련에 접근하였습니다. 그리고 1956년 나세르는 수에즈 운하의 국유화를 선언합니다. 영국은 이를 인정하지 않았으며 이스라엘, 프랑스와 함께 이집트에 전쟁을 일으켜 '제2차 중동 전쟁(수에즈 전쟁)'이 발발하였습니다. 그런데 국제 여론이 이집트의 편을 들면서, 영국은 수에즈 운하를 포기하게 됐고 중동에 대해 영향력을 크게 상실합니다.

098 '영국병'의 원인은?

자유주의 진영에 속하는 서유럽 국가에서는 1958년 'EEC(유럽경제공동체)'를 설립하여 가맹국 간의 관세 철폐나 노동력의 자유로운 이동 등을 결정하였습니다. 1967년에는 서유럽의 다른 국제기구와 통합하면서 'EC(유럽공동체)'라는 이름으로 바꾸었으며, 이후에 발족하는 'EU(유럽연합)'의 원형이 됩니다.

영국은 19세기부터 '영광스러운 고립'을 내세워 다른 유럽 국가들과 거리를 두는 외교 정책을 기본으로 삼아 왔습니다. 국내에서는 EEC 가입에 반대하는 목소리가 뿌리 깊게 남아 있었는데, 결국 1973년 보수당의 에드워드 히스 내각 아래 EEC에 가입하게 됩니다.

1960~1970년대 영국은 노동당과 보수당이 번갈아 가며 내각을 구성하였는데, 노동당의 애틀리 정권이 내건 복지 정책이 보수당 정권에서도 유지됩니다. 하지만 경제 침체는 계속되었습니다. 같은 시기 서독의 경제 성장률은 약 5~9%, 일본은 약 7~10%, 프랑스는 약 4~6%였던 반면, 영국은 3% 안팎에 그칩니다.

이 시기 경제 부진은 '영국병'이라고 불렸습니다. 영국병의 원인으로는 낡은 공업 설비나 경영 체제가 갱신되지 않고, 서독이나 일본의 제조업이 발전하며 맨체스터와 같은 공업 지대가 쇠퇴했고, 후한 사회보장제도로 인해 사회적으로 경쟁의식이 사라졌다는 점 등 여러 설이 있습니다. 어쨌든 20세기 전반까지의 대영 제국의 영광은 점차 빛을 잃어가고 있었습니다. 1967년에는 파운드의 가치가 미국 달러 대비 14% 절하되었습니다. 명실상부했던 영국의 파운드 대신 미국의 달러가 국제적인 기축 통화가 됩니다.

덧붙여 1970년 전후로 영국으로부터 북아일랜드의 독립을 주장하는 IRA(아일랜드 공화국군)에 의한 반영 투쟁이 격화됩니다. 1972년에는 북아일랜드 런던데리에서 영국군과 충돌한 시민 14명이 사망하는 '피의 일요일 사건'이 발생했습니다. 훗날 IRA는 영국군의 중요한 인물이었던 루이스 마운트배튼 백작을 암살하는 등 피비린내 나는 테러 사건을 일으킵니다.

이러한 경기 침체와 혼란 속에서, 그동안의 귀족과 노동자라는 계급의 벽을 깨부수는 새로운 대중문화가 확산됩니다. 예를 들어 1962년에 시작된 스파이 액션 영화《007》시리즈는 세계적으로 인기를 끌었고, 같은 해에 데뷔한 밴드 비틀스는 전 세계 누적 음반 판매량 5억 장 이상이라는 기록을 세우며 1965년 외화 획득의 공적으로 훈장을 수여 받습니다.

099 '철의 여인', 마거릿 대처

1979년 보수당의 마거릿 대처가 영국 최초의 여성 총리로 취임합니다. 그녀는 대부분 상류층 출신이었던 기존 보수당 유력자들과는 달리, 작은 상점 주인의 딸이었습니다. 여러 고초를 겪으며 총리가 된 대처는, 개인은 스스로 노력하여 지위를 향상해야 한다고 생각했었습니다.

정부가 공공 투자나 사회 복지에 힘을 쏟는 방침을 '큰 정부'라고 부르고, 반대로 정부의 역할을 축소해 민간에 맡기는 방침을 '작은 정부'라고 부릅니다. 대처는 작은 정부 기조에 따라 국유 기업을 민영화하고, 요람에서 무덤까지라고 불리던 사회보장을 축소하며, 영국병을 타파하기 위한 방안들을 추진하였습니다. 대처의 정책은 '대처리즘Thatcherism'이라고 불리며, 일정한 성과를 올립니다. 그러나 그 이면에는 빈부 격차가 확대되었으며, 수도국을 민영화한 결과 수도 요금이 인상되는 등의 폐단도 일어났습니다.

대처 정권하에 있던 1982년, 남대서양에 있는 영국령 포클랜드 제도(말비나스 제도)를 둘러싸고 아르헨티나가 포클랜드 제도를 침공하여 전쟁이 발발합니다. 이는 미·소 냉전 체제하에서는 드문 자유주의 진영 국가끼리의 전쟁이었습니다.

대처는 과감하게 최신 군함과 전투기 등을 파견했습니다. 양군을 합쳐 약 900명의 사망자를 냈지만, 전쟁은 영국의 승리로 끝이 납니다. 이 승리로 대처의 지지율은 상승하고, 결단력 있는 지도력으로 그녀는 '철의 여인'이라고도 불리게 되었습니다.

포클랜드 전쟁의 무대

1991년에는 소련의 공산당 정권이 무너지고 냉전 체제가 사라지면서 유럽을 통합하려는 기운이 높아졌습니다. 1993년에는 '마스트리흐트 조약(유럽연합 조약)'이 발효되면서 'EU(유럽연합)'가 출범하였습니다. 회원국 간의 관세와 입국 사증이 폐지되었으며 나아가 공통 통화로 유로가 도입되는데, 영국은 일부 영연방 회원국과 공통된 파운드를 계속 사용합니다.

예전부터 영국에는 인도나 케냐 등 영연방 회원국으로부터 온 이민자들이 모여들었는데, EU 회원국 사이에서는 사람의 이동이 자유로웠기 때문에 다른 EU 회원국을 통해 동유럽이나 중동으로부터 온 이민자가 영국으로 많이 유입되었습니다.

100 EU 탈퇴를 둘러싼 국민투표

1997년에는 노동당의 토니 블레어 정권이 수립됩니다. 블레어는 소련의 붕괴를 배경으로 노동당의 사회주의적 정책을 재검토하고, 보수당 정책에 가까운 시장 원리의 도입과 약자 구제 논리를 양립시킨 '제3의 길'을 도입해 지지층을 넓힙니다.

영국과 아일랜드 사이에는 북아일랜드의 영유를 둘러싸고 오랜 갈등이 계속되었으나, 1998년 양국 간에 벨파스트 협정이 체결됩니다. 아일랜드는 북아일랜드의 영국 귀속을 인정하였고, 북아일랜드는 영국 정부로부터 독립된 북아일랜드 의회를 구성하였습니다. 이를 전후하여 스코틀랜드 의회, 웨일스 의회가 수립되면서, 잉글랜드 이외의 지역으로 권한 이양과 지방 분권이 진행됩니다.

2001년 9월 미국에서 이슬람 과격파인 알카에다에 의한 동시다발적 테러가 발생하자 블레어 정부는 미국의 부시 행정부와 보조를 맞추어 테러에 대응한 전쟁에 참가하였습니다. 2003년에는 이라크의 사담 후세인 정권이 대량살상무기(핵무기)를 보유하고 있다는 정보를 바탕으로, 영국은 미국과 함께 '이라크 전쟁'에 참가합니다. 그러나 전쟁 후에도 이라크에서 핵무기가 발견되지 않자 전쟁의 정당성에 의문을 품는 목소리도 높아졌습니다.

'해리 왕자'로도 불리는 엘리자베스 2세 여왕의 손자인 헨리 왕자는, 2007년부터 수년간 아프가니스탄에 비밀리에 파병돼 임무를 수행하고 있었습니다. 영국에는 왕족이 최전선에 서서 국민과 고난을 함께해야 한다는 정서가 있었기 때문입니다. 또한 오랫동안 영국 왕실에서는 왕후 귀족끼리의 결혼이 통례였지만, 헨리 왕자는 2018년 미국인 여배우 메건 마클과 결혼하였습니다. 영국의 문화가 다양화를 받아들이고 있음을 상징하는 사건이라고 할 수 있습니다.

'영국'이라는 하나의 나라로 통합되어 오랜 세월을 거쳐왔으나 21세기에 들어선 이후 영국은 국민의 단결력, 외국과의 관계에서 크게 흔들리고 있었습니다. 내부에서도 인종·민족 대립, 실업 청년의 불만 등 복잡한 문제가 얽혀 있었습니다.

잉글랜드로부터 스코틀랜드의 독립을 요구하는 목소리는 이전부터 뿌리 깊게 만연하였는데, 1960년대에 북해 유전을 발견한 뒤 스코틀랜드에서는 독립적인 경제권을 요구하는 목소리가 점점 더 커졌습니다. 결국 2014년 스코틀랜드의 독립을 묻는 주민투표가 시행되었는데, 근소한 표 차이로 부결되었습니다.

또한 2016년 EU로부터의 탈퇴를 의미하는 '브렉시트'를 묻는 국민투표가 진행되었습니다. 잉글랜드와 웨일스에서는 과반수 이상이 찬성하였습니다. 그 배경에는 EU에 지급하는 비용에 대한 부담이나 EU 회원국에서 많은 이민자가 유입되는 것에 대한 강한 반발이 있었습니다. 다만 EU에서 탈퇴하면 EU 회원국과의 무역에서 불리한 입장이 될 가능성이 있고, EU에 속한 아일랜드와의 국경을 둘러싼 문제가 지적되었습니다. 그러나 2016년 6월 국민투표 결과 영국의 EU 탈퇴가 확정되었으며, 영국은 2020년 1월 31일 EU에서 공식적으로 탈퇴하였습니다.

칼럼 영국에서 시작된 스포츠

축구와 럭비는 원래 같은 스포츠였다?

영국에서 규칙이 정해지고 세계 각지에서 사랑받게 된 현대 스포츠는 적지 않습니다. 그중에서 가장 대중적인 스포츠가 바로 '축구'입니다. 다만 영국에서는 '풋볼'이라고 불립니다. 근대 축구의 원형은 18~19세기 잉글랜드에서 만들어졌습니다. 당시 상류층 아이들이 기숙하는 학교에서 공 차는 놀이를 하였습니다. 다만 학교마다 규칙은 모두 달랐기에 1863년 관계자가 모여 규칙을 통일하고 이후 세계로 퍼져나갔습니다.

'럭비'도 영국에서 시작된 스포츠로 풋볼과는 형제 관계라고 할 수 있습니다. 풋볼 규칙이 통일되기 이전에는 공을 손에 들고 달리는 것이 허용되었습니다. 그리고 풋볼 규칙을 통일할 때, 공을 손으로 들면 안 된다는 규칙이 만들어집니다. 하지만 이에 반대하는 사람들이 손에 공을 든 채로 달려도 된다는 규칙으로 경기를 계속한 결과, 공을 손에 들고 달리는 '럭비'라는 스포츠가 탄생한 것입니다. 럭비와 풋볼의 관계는 '럭비 풋볼 협회'라는 이름에서도 찾아볼 수 있습니다.

'크리켓'이라는 스포츠를 들어 본 적이 있나요? 크리켓은 영국에서 시작되어 영국은 물론 옛 식민지인 인도, 영국 연방국인 호주에서 인기 있는 스포츠입니다.

마지막으로 소개할 스포츠는 바로 '골프'입니다. 골프는 스코틀랜드에서 처음 시작되었으며, 세인트 앤드루스라는 도시는 골프의 성지이기도 합니다. 세인트 앤드루스는 유서 깊은 골프 4대 메이저 대회 가운데 '디 오픈 챔피언십The Open Championship'의 개최지로 여러 번 선정되었습니다.

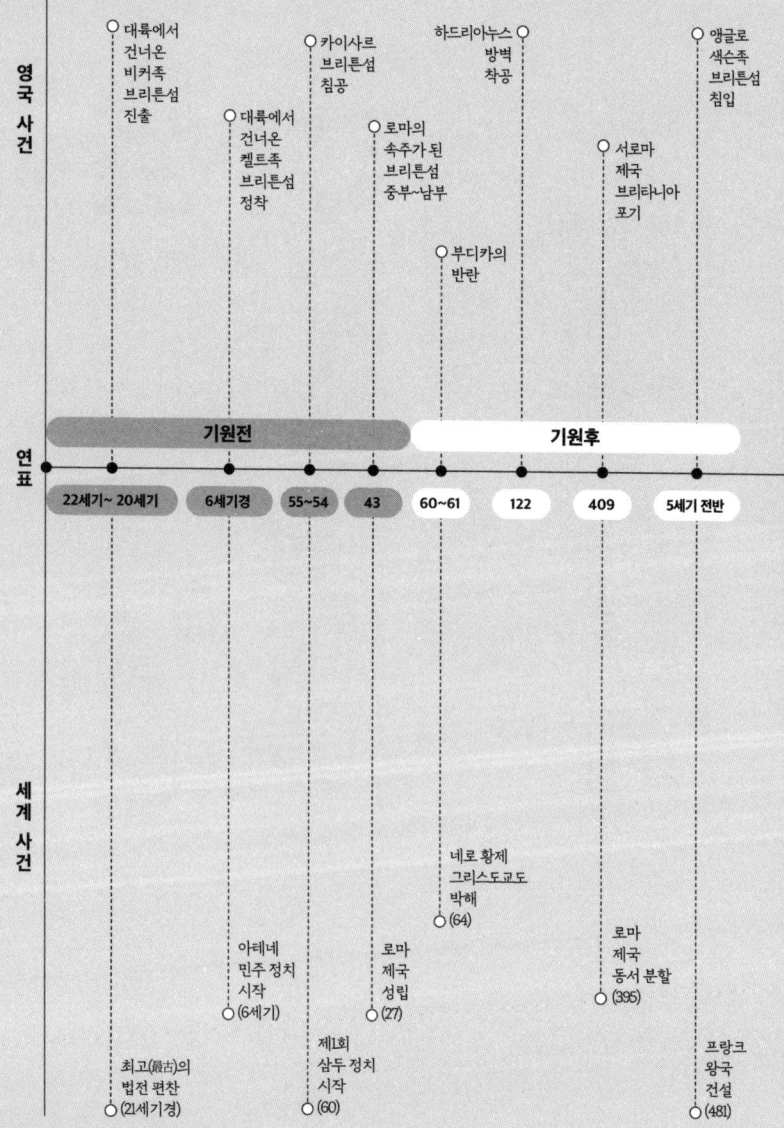

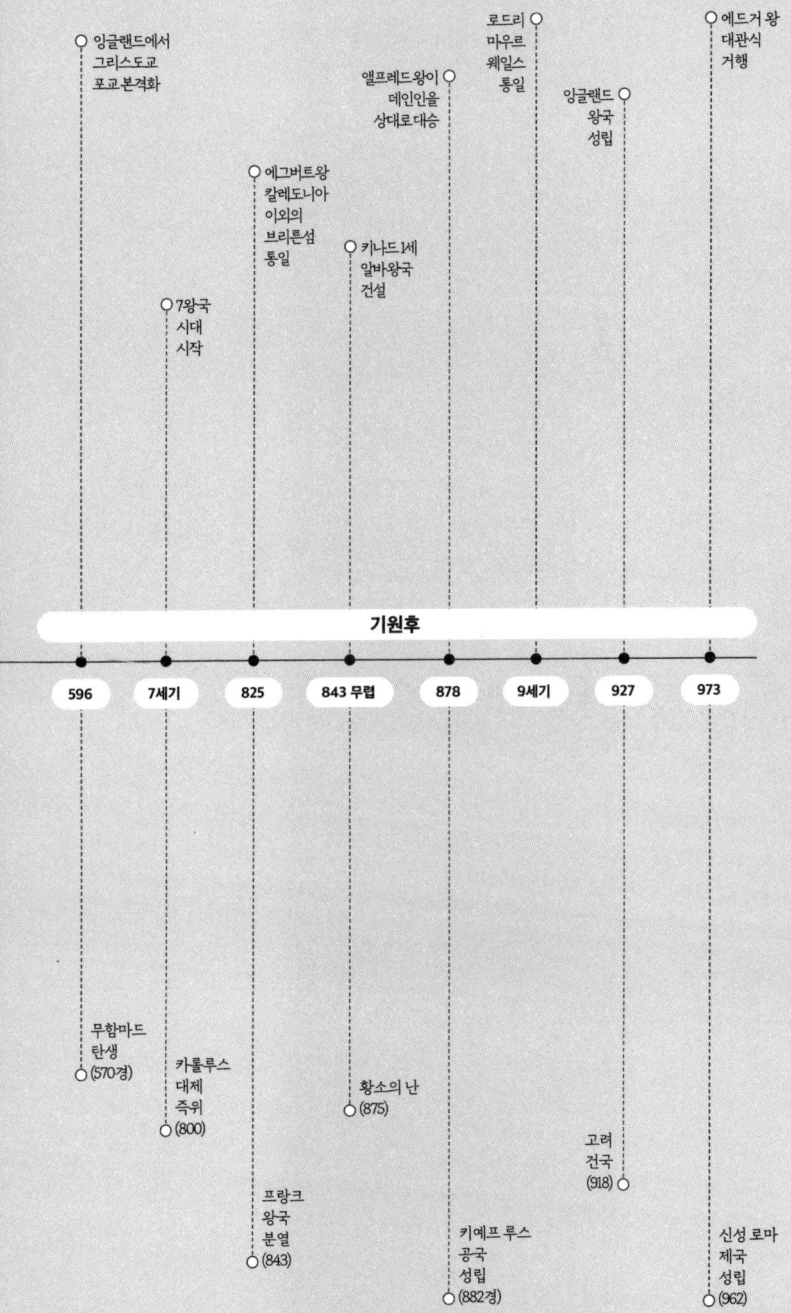

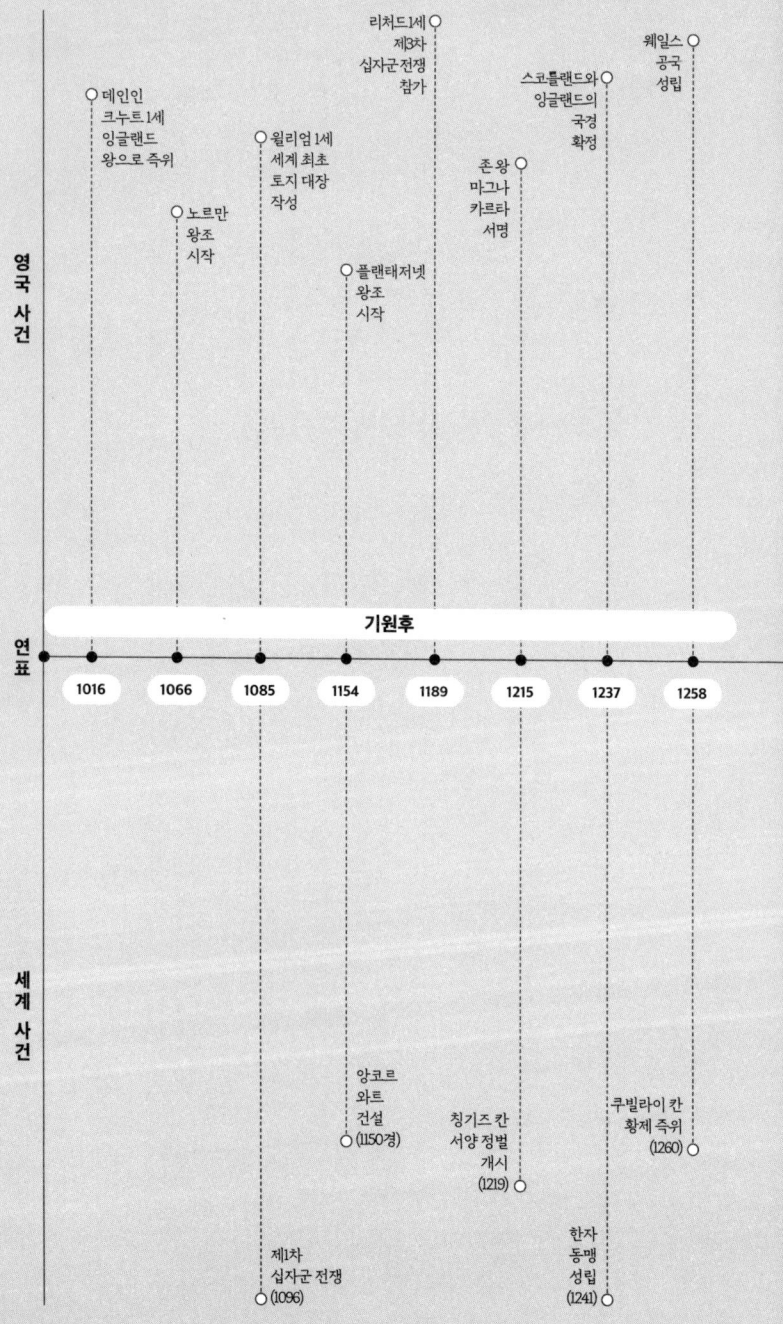

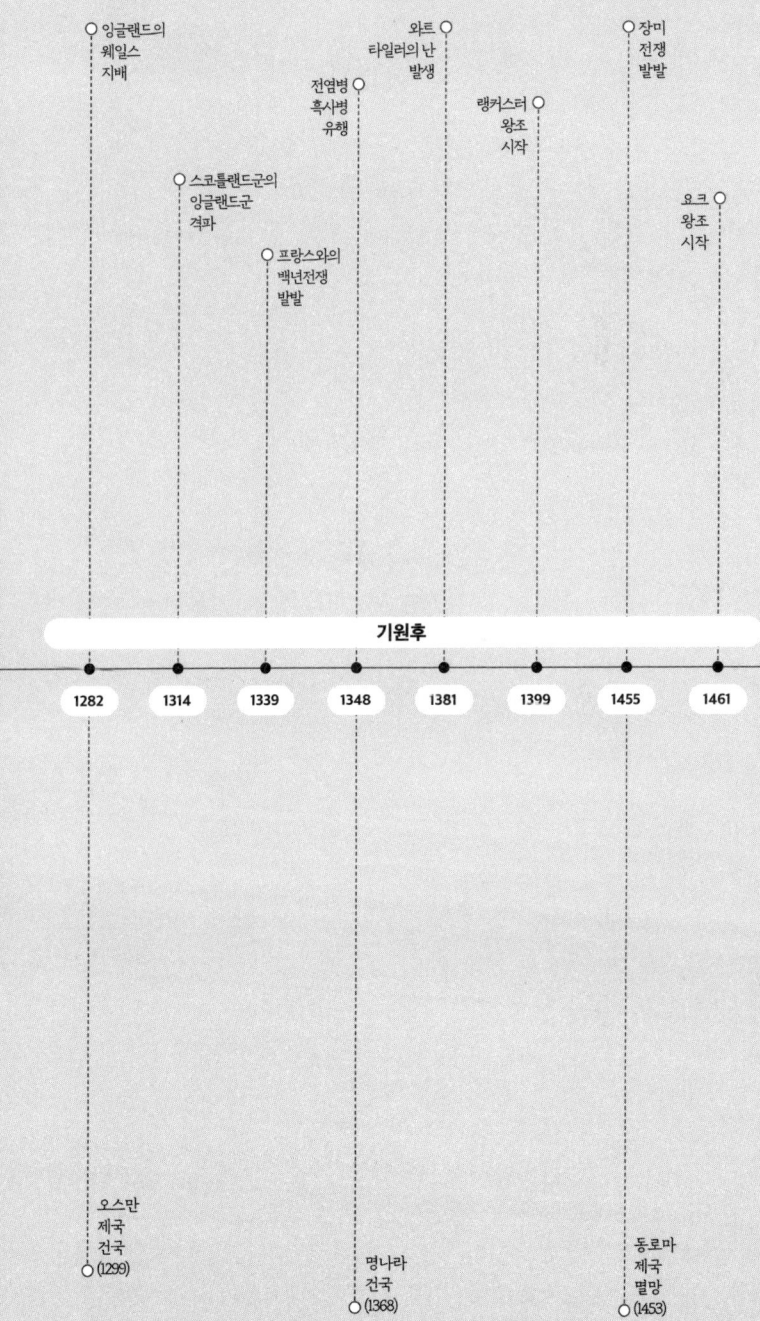

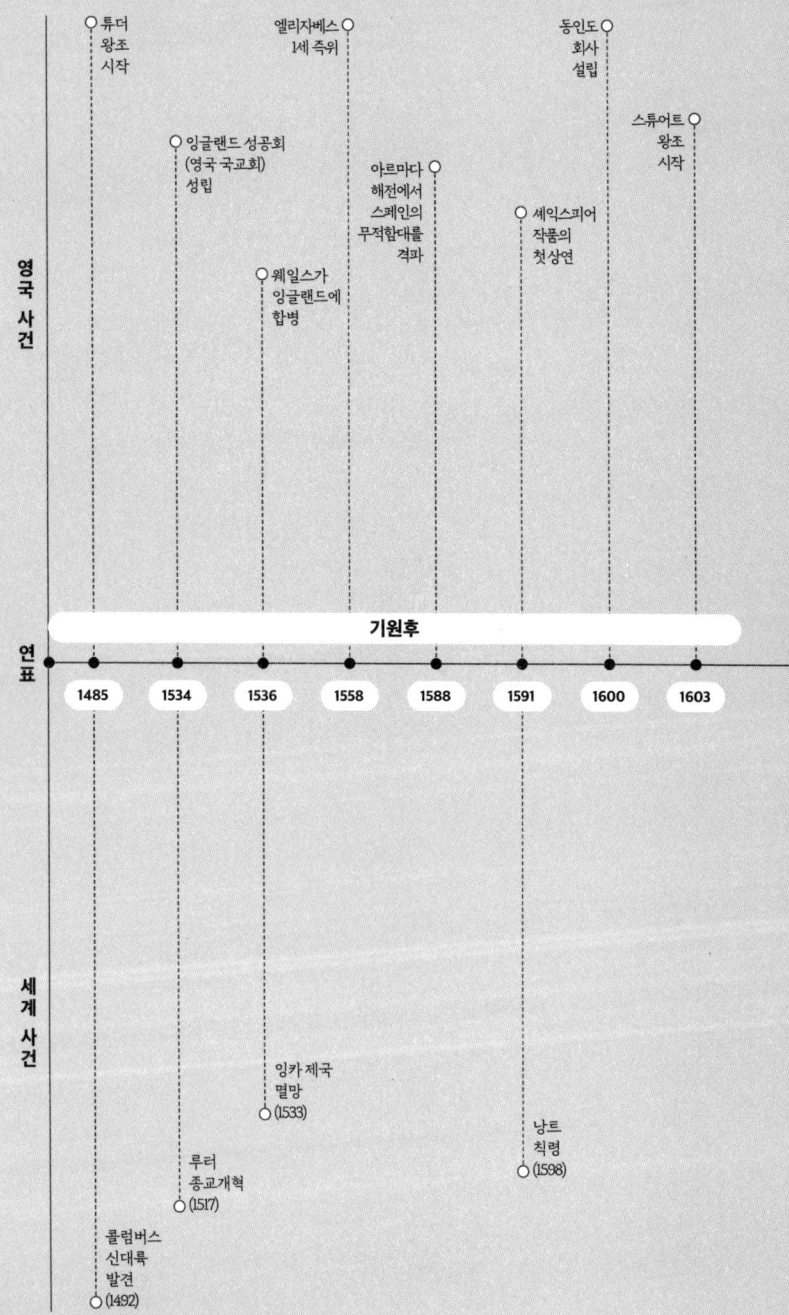

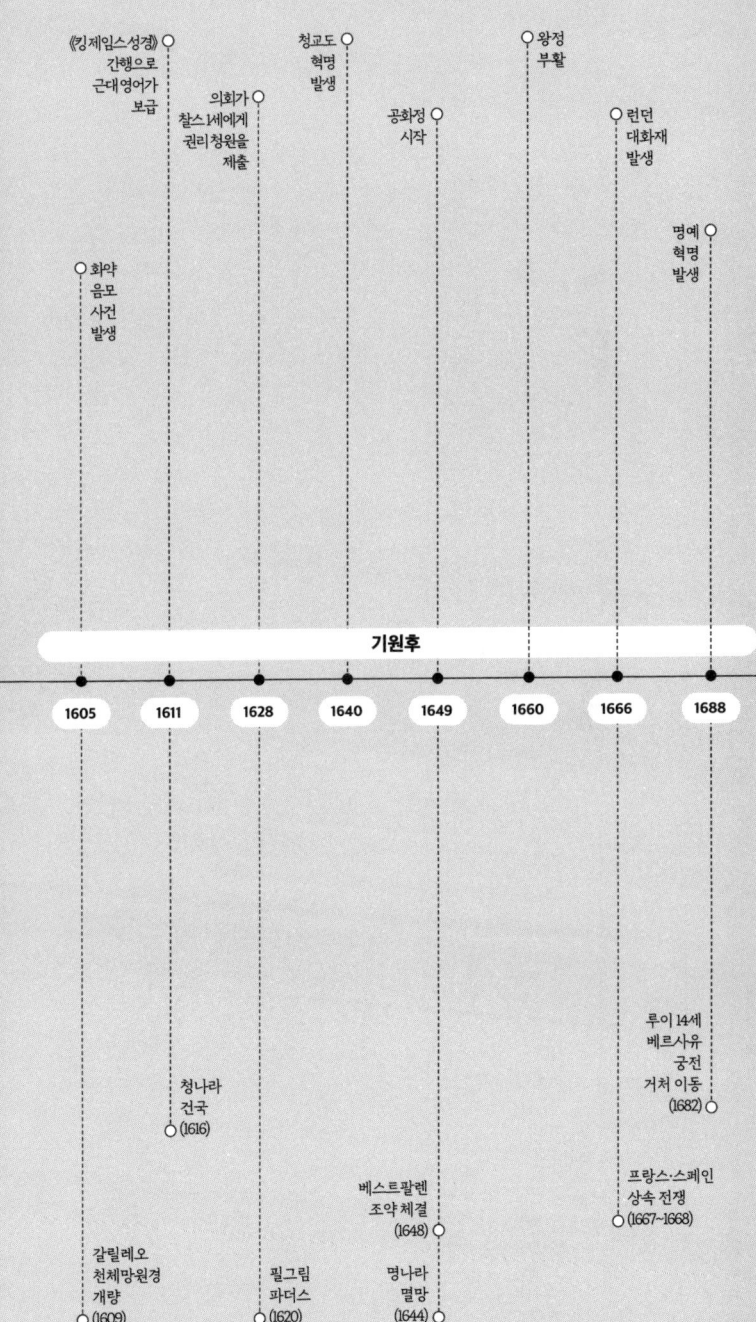

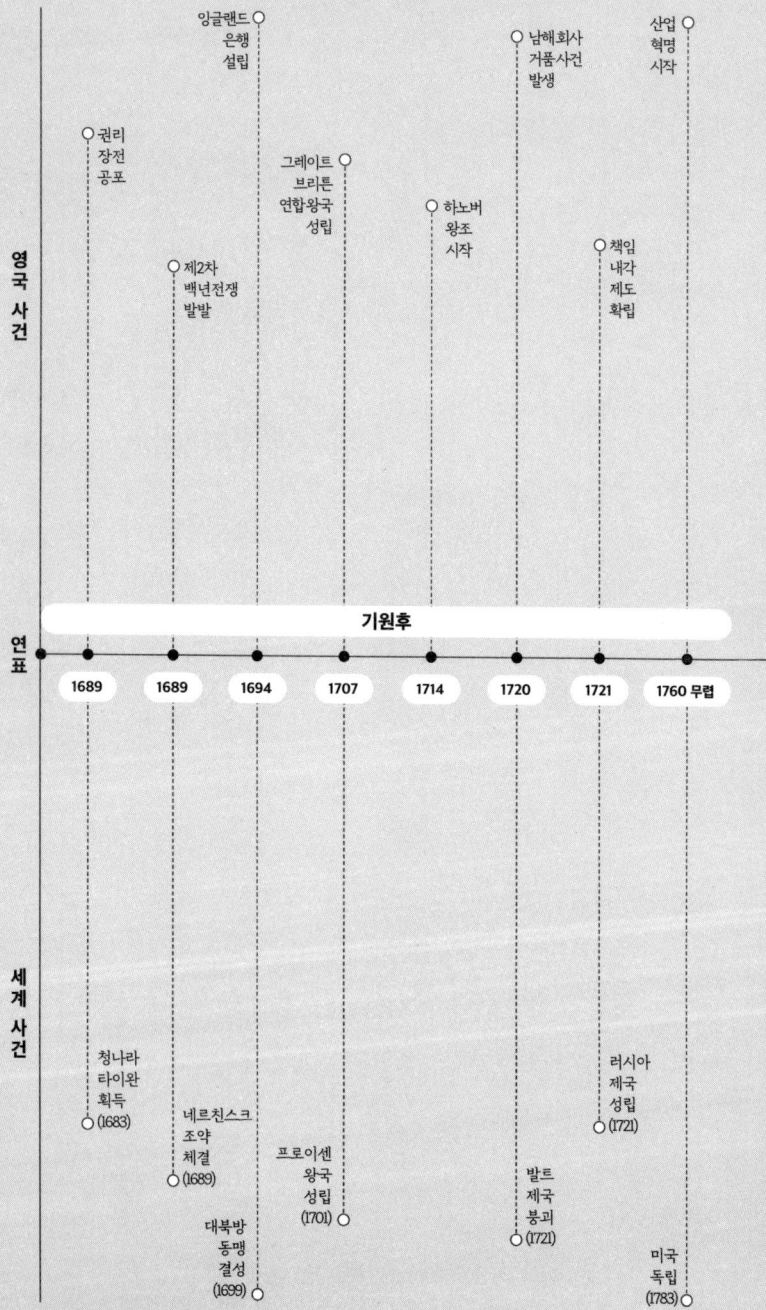

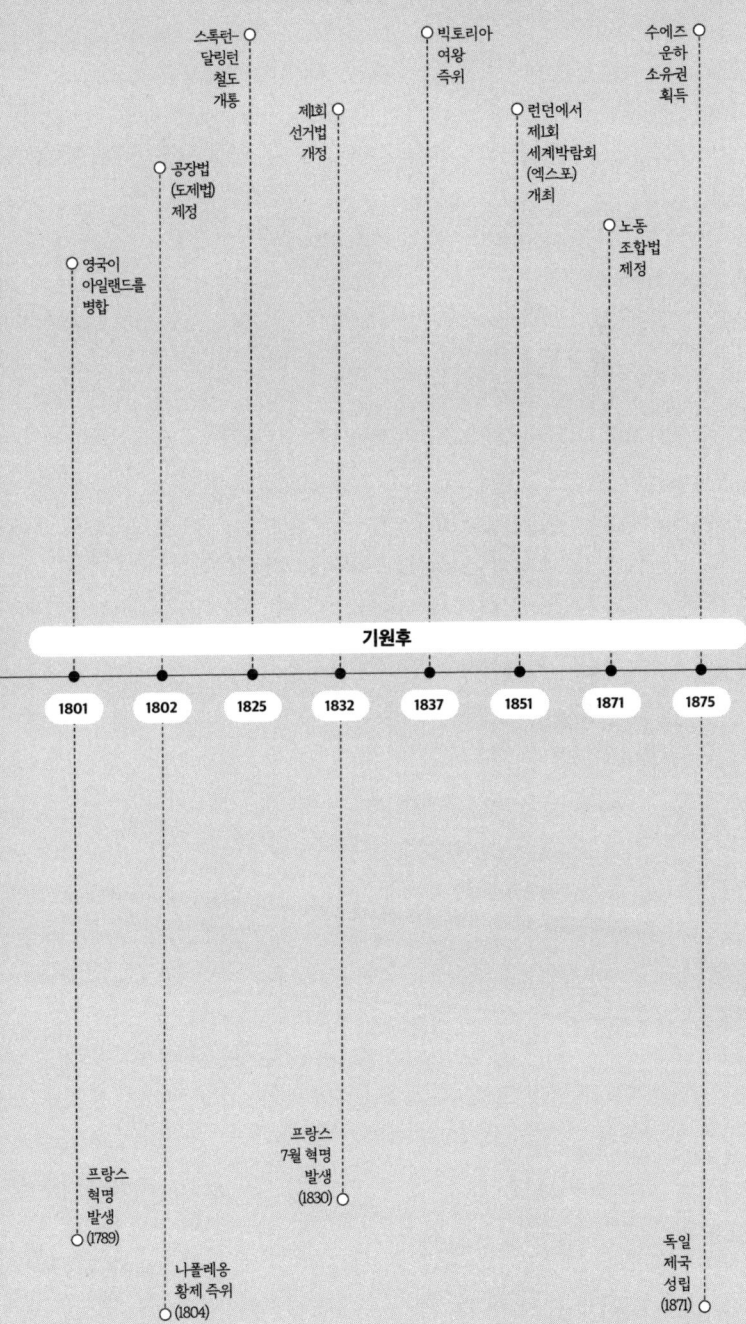

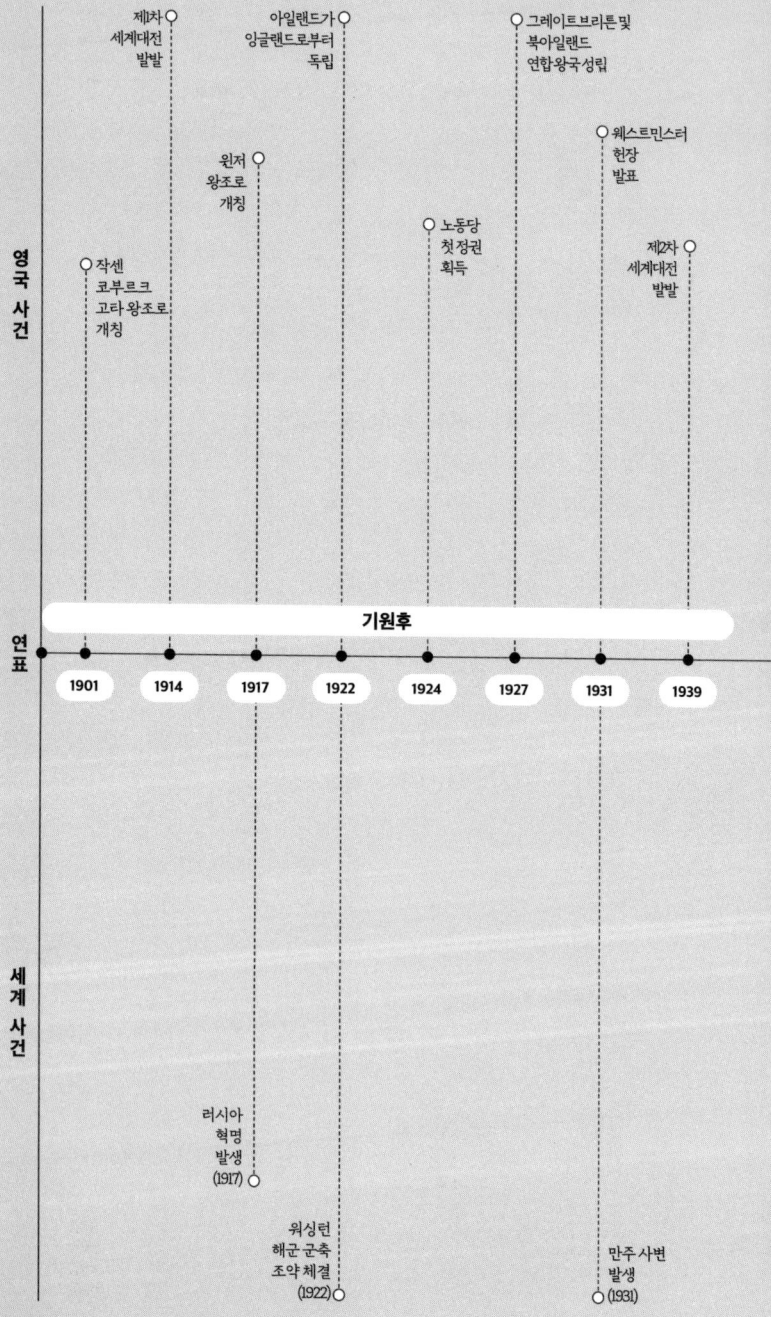

기원후

- **1941** ○ 대서양 헌장 발표
- **1973** ○ 유럽공동체(EC, 훗날 EU)에 참가
- **1982** ○ 포클랜드 전쟁 발생
- **1998** ○ 벨파스트 협정 성립
- **2016** ○ EU 탈퇴를 묻는 국민투표 시행

○ 이란·이라크 전쟁 발발 (1980)

○ 트럼프 정권 발족 (2017)

교양 있는 여행자를 위한 내 손안의 영국사
단숨에 읽는 영국 역사 100장면

초판 발행 2025년 8월 12일
펴낸곳 현익출판
발행인 현호영
감 수 고바야시 데루오
옮긴이 오정화
편 집 황현아, 이선유
디자인 강지연, 현애정
주 소 서울특별시 마포구 월드컵북로58길 10, 더팬빌딩 9층
팩 스 070.8224.4322
ISBN 979-11-94793-03-8

「一冊でわかるイギリス史」
ISSATSU DE WAKARU IGIRISU SHI
© 2019 TERUO KOBAYASHI, ZOU JIMUSHO
Illustration by suwakaho
All rights reserved.

Original Japanese edition published in 2019 by KAWADE SHOBO SHINSHA Ltd. Publishers
Korean translation rights arranged with KAWADE SHOBO SHINSHA Ltd. Publishers through Eric Yang Agency, Inc.

⟨Edit, Organization⟩
ZOU JIMUSHO
⟨Book Design⟩
Yoshikuni Inoue(yockdesign)
⟨Text⟩
Masaru Ookouchi, Kayo Matsuda, Masayuki Nishimura, Kenji Sato
⟨Illustration⟩
Hirokazu Harada

이 책의 한국어판 저작권은 에릭양 에이전시를 통해 저작권자와 독점 계약한 골드스미스에 있습니다.
저작권법에 의해 한국 내에서 보호를 받는 저작물이므로 무단전재와 복제를 금합니다.

* 현익출판은 골드스미스 출판그룹의 일반 단행본 출판 브랜드입니다.
* 출판사의 허가 없이 본 도서를 편집 또는 재구성할 수 없습니다.
* 잘못 만든 책은 구입하신 서점에서 바꿔 드립니다.

좋은 아이디어와 제안이 있으시면 출판을 통해 가치를 나누시길 바랍니다.
uxreviewkorea@gmail.com